7

Jul.

小学六年
影响孩子的一生

储殷　著

浙江教育出版社·杭州

图书在版编目（CIP）数据

小学六年影响孩子的一生 / 储殷著. — 杭州：浙
江教育出版社，2021.6
ISBN 978-7-5722-1840-8

Ⅰ.①小… Ⅱ.①储… Ⅲ.①小学生－家庭教育
Ⅳ.①G782

中国版本图书馆CIP数据核字（2021）第094904号

小学六年影响孩子的一生
XIAOXUE LIU NIAN YINGXIANG HAIZI DE YISHENG

储殷　著

责任编辑：蔡　歆
美术编辑：曾国兴
责任校对：赵露丹
责任印务：陆　江
出版发行：浙江教育出版社
　　　　　（杭州市天目山路40号　邮编：310013）
印　　刷：三河市嘉科万达彩色印刷有限公司
开　　本：880mm×1230mm　1/32
成品尺寸：145mm×210mm
印　　张：7.5
字　　数：150000
版　　次：2021年6月第1版
印　　次：2021年6月第1次印刷
标准书号：ISBN 978-7-5722-1840-8
定　　价：55.00元

如发现印装质量问题，影响阅读，请与本社市场营销部联系调换。
电话：0571-88909719

　　这些年，不论是在节目里还是在日常生活中，有越来越多的朋友开始和我交流养娃的经验，老实说我对这种焦虑真的是感同身受。成年人的世界通常是稳定的、可预期的、可复制的，我们习惯于在一个可控的舒适圈里去把握自己的工作与生活。但是当你有孩子时，你会发现你生活中一个最大的变数出现了，他的心智与身体快速发育，往往迫使我们不停地调整自己的节奏，不断地打破好不容易形成的平衡。每半年、每一年，我们都几乎是在面对一个全新的孩子。1岁以前一个样，上幼儿园以后一个样，而到了上小学几乎每个学期都会有明显的变化。

　　这是正常的，是人类的发育特点决定的，尤其是在小学阶段，孩子的快速变化不仅是一种生理意义上的发育，而且是一种文明意义上的进化。你想想看，你的孩子要开始学习数学、语文、科学、美术、音乐，哪一样不是人类在几千年里缓慢积累下来的文明成果，而现在他将在短短几年里就把这些文明成果融入自己的成长。所以，一个合格的家长要做的绝不仅是生理意义上的抚育，他还要在心智上、心理上、文明上匹配孩子的成长。这是养孩子和养狗的最大区别。孩子需要的绝不仅是物质上的供给、心理上的抚慰，他还需要文明意义上的指引与陪伴。

对于大多数被现代生活折磨得筋疲力尽的家长而言，这些任务的确是非常沉重的，甚至沉重到难以负荷，所以我们每个人几乎都会在养娃的过程中感到焦虑、无力和失控，才会有那种"不学习父慈子孝，一学习鸡飞狗跳"的家长共鸣。造成这些失控的一个重要原因在于，作为成年人的家长习惯于站在静态的角度去要求孩子，而没有意识到是自己没有跟上孩子的迅猛成长。

记住，不是孩子脑子太笨，怎么教都教不会，而是你的教育方法落伍了。

记住，不是孩子离不开手机，没有自制力，而是你的陪伴方式落伍了。

记住，不是孩子不爱学习，没有出息，而是你自己的生活方式有问题。

　　我经常和一些对自己孩子怒不可遏的家长朋友讲，在小学阶段，我们这些做家长的要对孩子的失败负责。我们需要跟上孩子的节奏，需要更好的方法、更好的心态、更好的陪伴，来让我们的孩子变得更好，而这些感悟也正是我写这本书的原因。我们少喝些味美无用的鸡汤，多提供些解决实际问题的方案。

　　希望借此能让我们成为更好的家长，让我们的孩子成为更好的孩子。

　　让我们一起努力。

目录　CONTENTS

第 1 章

理念：陪孩子一起成长

第 2 章

方法：培养孩子有效的学习方法

第 3 章

心态：正确对待孩子学习这件事

第 4 章

沟通：和孩子也要好好说话

第 5 章

心理：让孩子有一颗健康的心

第 **1** 章

理念：陪孩子一起成长

如果你的教育里，没有爱、没有温柔、没有文明与理性，那么你的孩子尽管学会了某些知识，甚至取得了不错的成绩，但他仍然有可能会缺失在这个年龄段最该习得的东西。

在直播的时候，很多家长朋友问我："我家孩子在上小学，要上什么辅导班呢？"现在的课外辅导班太多，看起来这个重要，那个也很重要，要是不报名，孩子就会落伍。

比如一句著名的广告语："我们不培养你的孩子，就培养你孩子的竞争对手。"

很多家长很迷茫，如果什么都学，孩子小小年纪真的很可怜，可是不学吧，其他孩子都去学，又担心自己的孩子输在起跑线上。考虑到目前小学教育的现状，完全不上辅导班是不切实际的，但哪些是重点需要关注的，家长必须清楚把握。

小学生最重要的五件事

一般来说，孩子在小学时成绩不好，甚至影响到初中、高中，往往是在五个方面出了问题。这不是说其他方面没问题，而是说这五个方面往往对孩子的发展起着非常基础的作用。

基础不牢，地动山摇。

第一个是身体，身体是一切的本钱。学习是非常累的事情，孩子的身体不好，容易疲倦甚至生病，上课就会注意力不集中，学习效率低下。很多孩子成绩不好，其实是因为体力差、精力弱，学一会儿就累得不行。

在小学阶段，应试的压力是最低的，孩子的身体素质差暴露的问题还不明显。一旦到了初中或高中，体力和精力对学习的影响就会越来越大。有一种说法，男孩子淘气一些没关系，后劲足，并不是完全没有根据的。过去大家对体育锻炼的重要性的认识不足，所以很多女孩子基本上不锻炼，把男孩子游戏、嬉闹、打球、跑步的时间用来学习，在高一、高二会取得一些优势，但一旦到了应试压力巨大的高三，男生的身体优势、精力优势以及所谓的冲刺优势就会爆发出来。

如果说学习是一场拉力赛，那么小学阶段其实就是加油的阶段，如果油没有加够，到了最后冲刺的时候是会出问题的。如果你的孩子先天身体不是很好，在小学阶段就更不能忽视身体素质了。因为只有在小学，你的孩子才可能有足够的时间来锻炼身体。

第二个是注意力。为什么很多孩子在小学时成绩还不错，一上初中就落下来了？因为无法保持专注。小学乃至初中的知识内容并不多，关键在于学习效率。只要在课堂上能保持高度专注，孩子的成绩都不会有太大的问题。注意力不集中直接带来两个问题。

首先是学习效果不佳。花了很多时间，孩子很累，但效果没有达到。简单来说，就是上了很多课，啥也没记住，上辅导班就是磨洋工。如果孩子不能保持专注，报再多的辅导班，效果都会很差，甚至会导致孩子厌学。

其次是作业拖沓。很多家长和我交流时，说自己的孩子上小学，每天写作业写到晚上十点。坦率地讲，这未必是因为作业太多，可能是孩子注意力涣散，趴在桌子上熬时间。小学阶段，最糟糕的事情就是养成注意力涣散、拖沓作业的习惯。一旦在小学阶段养成了这样的习惯，那么在学习任务更重的初中和高中阶段就很容易跟不上。

第三个是语感。孩子在小学阶段，很多家长最担心的是数学。在三年级以前，孩子在智力和思维上还没有充分发育，俗话说就是"没开窍"。这种"没开窍"在数学方面往往表现得比较明显，不具备将生活问题转化为数学问题的思维。很多家长往往对此非常担忧，但坦率来说，这种担忧很多时候被过分放大了。随着发育，孩子会逐渐建立思维能力，随之而来的是之前怎么都不明白的问题，突然就明白了。

真正值得家长在小学阶段，尤其是一到三年级阶段高度关注的事情是语感。这既包括英语的语感，又包括汉语的语感。与数学不同的是，语文、英语的成绩，在很大程度上取决于语感，而语感的形成尤其依赖于小学阶段的基础，正所谓"书读百遍，其义自见"。很多家长对语感问题缺乏重视，总觉得"都是中国人，说话还不会吗？"实际上，在小学阶段，孩子在语言能力上的培养，尤其是诵读上的训练，对其初中、高中阶段语文和英语的成绩影响很大。日后困扰很多孩子的阅读理解问题、作文问题都与小学阶段的基础密切相关。

　　第四个是良好的习惯。除了极少数的孩子是天才，大多数的孩子其实都差不多。之所以在后来的发展中出现分化，其中主要的原因就是习惯问题。如果说努力程度的差异对孩子发展的影响如同海面上的冰山那样引人注意，那么生活习惯对孩子的影响则是水面之下更大的那部分冰块。家长们常见的一个问题就是把孩子的成绩不好归咎于孩子不努力或是孩子天赋不足，他们通常没有意识到孩子没有形成良好的学习习惯。

　　第五个是亲密关系。我们这一代人的孩子是在变动社会中长大的孩子，而在任何一个快速现代化、城市化的社会中，心理疾病、精神疾病的高发都是一个必然的结果。现代社会的本质就是通过打碎传统的人际关系、伦理关系，来实现更加细密的陌生人之间的理性分工。这当然有助于社会生产的高效率与社会物质的极大丰富，但是它对于人精神的冲击也是巨大的。

　　相较于成年人，孩子承受这种社会压力的能力更弱，所以也更容易出现问题。这些年，未成年人心理疾病、精神疾病，尤其是抑郁症的发病率大大提高，而且发病时间大大提前已经成为一个非常严重的问题。社会为此做出了许多的努力，但在很长的一段时间里，更加有效的应对策略必须寄托于家庭给予孩子更多的支撑。

在今天，家庭氛围，尤其是父母与子女之间的亲密关系，是孩子能够健康成长最重要的保障。很多父母觉得，自己成长的时候哪里有那么多的问题，父母与孩子也未必有多亲密，经常困惑为什么今天的社会对父母的要求如此之高。现在这个时代，如果我们都能深刻地感觉到这个时代给予我们的压力和焦虑，那么我们就更要理解我们的孩子所面临的或者即将面临的压力和焦虑。

为了孩子的健康成长，我们必须去完成我们父母所没有完成或者根本没有意识到的任务，那就是学会做一个与孩子保持亲密关系的父母。在小学一年级到三年级阶段，也许这一点还不会表现得十分明显，一旦孩子进入初中、高中的青少年阶段，亲子关系的问题就会暴露得日益明显。为什么很多家长会在孩子的成长过程中感觉到失控？为什么很多孩子在青少年阶段突然出现严重的问题？根子往往都出现在小学阶段。有句在电影和电视剧里被用滥了的话其实是有道理的，那就是"很多人要用一生来治愈自己的童年"。

所以，如果你和我一样，家里有一个正在上小学的孩子，那么我们一定要学会在各种电话促销中保持理智。我们要明白在小学阶段，孩子最重要的其实就是这么几个问题。

你的孩子身体健康吗？体育锻炼充分吗？

你的孩子注意力能够保持集中吗？坐得住吗？

你的孩子有良好的语感吗？他的阅读和理解能力强吗？

你的孩子有良好的学习与生活习惯吗？

你的孩子和你亲密吗？你们之间有信任与支持、爱的表达吗？

教育的三个原则：要有爱、要有耐心、要学会说不

最近几年，经常有一些朋友问我："你是大学老师，辅导孩子肯定没有问题吧？"

没有问题？！

问题大了。老实讲，几乎所有网上发布的那种家长被娃气得手足无措、不着四六的事情都曾经在我身上发生过。

有句话叫作"不学习父慈子孝，一学习鸡飞狗跳"。

至少对于我来说，在辅导某些作业的时候，是真的会控制不住大声吼娃（谢天谢地，我还没有失控到揍孩子）。

这不仅是因为我的情绪需要宣泄，而且这种吼叫往往是有效的。一吼，娃就老实了；一吼，娃就会做了。所以，吼

叫从不得已而为之的失控逐渐变成了一种可怕的习惯。它不仅让我感觉到宣泄和疏解，而且还是一种有效的管理手段。

直到有一天，我的一位心理咨询师朋友，看到我和我孩子的状态，忍不住对我说："老储，你的孩子缺乏自信，而且你和你孩子的关系存在很大的问题。"

"你为什么这么说？"

"因为你的孩子在回答非常简单的题目时，也要先小心翼翼地观察你的脸色。他犹豫不决、缺乏自信，他畏惧你。"

老实讲，我非常幸运，因为我在刚刚开始习惯用吼叫管理孩子的时候就得到了专业人士的提醒。**他让我意识到，做家长的我正在陷入一个误区。那就是，因为爱而吼孩子，但吼着吼着往往忘记了爱，甚至把吼本身当作爱。更糟糕的是，由于人类有一种习惯成自然的适应性，因此吼多了，孩子也就皮了，而要再有效果就必须更大声地去吼，最后形成一个不断加码的恶性循环。如果说，惩罚孩子甚至伤害孩子有时候是教育过程中难以避免的损伤，那么到了最后，这种损伤可能就成了教育中的主要部分，甚至被当作教育本身。**

在这里，我只能把我自己的一些经验分享给大家，希望能对大家有所助益。

首先要有爱。这个要求似乎很简单，但做到并不容易，尤其是在你"上头"的时候。**父母在教育孩子的时候，一定要想清楚一点，你之所以生气，是因为你希望孩子好，是因为你爱孩子。那么你就要问问自己，你的失控是否有助于你实现这两个目的。**

很多父母发脾气，发着发着就是成了自己的发泄，甚至成了对孩子的怨恨。在这个时候，我们一定要问问自己的初心。

你爱他，对吗？

你希望他好，对吗？

当你发现你的很多脾气只是为了自己发泄，而对他的学习和进步并没有多少帮助的时候，你发脾气又何必呢？

你发脾气，究竟是为你还是为他呢？

恰恰是为了孩子，我们做父母的才需要更好地控制自己。这里面有两个非常重要的原因。

1. "吼娃"通常是低效的，即便有所效果，那也为未来的厌学埋下了种子。

很多小学成绩不错的孩子，之所以在初中、高中落后，就是因为从小在父母的高压下被逼着学习。学习对他来说，是被胁迫的、痛苦的，所以一旦进入青少年阶段，父母的强制手段开始失效，孩子就表现出极度的厌学。很多人经常说，不能输在起跑线上，可是他们往往没有意识到，有的时候，输在起跑线上不是你第一下跑得不够快，而是你的激励机制错了，你跑步的错误姿势决定了你在中途会落后。

2. 我们要意识到，辅导作业的作用远远不止于作业本身。

辅导作业是非常重要的亲子活动，父母在这个过程中，并不仅仅是教会孩子书本上的知识，还是孩子言谈举止、情绪管理的榜样。滥用暴力的父母通常会培养出滥用暴力的孩子，情绪失控的父母通常会让他们的孩子也容易歇斯底里。**如果你的教育里，没有爱、没有温柔、没有文明与理性，那么你的孩子尽管学会了某些知识，甚至取得了不错的成绩，但他仍然有可能会缺失在这个年龄段最该习得的东西。**

尽管我们会生气，会失控，会忍不住地想用吼甚至揍的方式来解决问题，但请在教育的过程中时时刻刻地提醒自己要有爱。即便惩罚是必要的，也要在惩罚之后，向孩子表达自己对他的爱。很多知识分子喜欢用冷冰冰的语言伤害孩子，并自认为这个比体罚文明，但语言暴力会对孩子造成终身无法抹去的伤害。我见过这样的父母，他们的孩子成绩也许是优秀的，但心是破碎而冰冷的。

其次要有耐心，耐心也是教育中重要的元素。相比于初中和高中的教育，小学教育有三个特点。

1. 它完成的是从 0 到 1 的教育。

初中、高中教育在一定意义上是完成从 1 到 2、从 2 到 3 的教育，它是有一定基础的，而小学教育在很大程度上是从零基础开始的，所以知识盲区会更多。要教好孩子，我们必须体会孩子从 0 到 1 的状态。

2. 小学教育和初中、高中教育的一个主要不同之处在于，它不仅要学习知识，而且要学习如何学习知识。

虽然初中、高中的学习方法也有各自的特点，但在**小学阶段，"如何学习的问题"尤其突出。如果父母只是满足于教授知识而忽视了教会孩子如何学习，那么孩子很有可能会在以后的学习过程中缺乏后劲。所以，不要满足于孩子能够在你的启发下得到答案，而要关注孩子能否掌握学习和思维的方法。所谓举一反三在这个阶段尤其重要。**

3. 与初中、高中不同，在小学，孩子在发育上往往有比较明显的不同步。

这就是我们常说的开窍问题。很多孩子没到一定时候，就很难理解一些东西，这在数学上表现得尤其明显。三年级以前的很多孩子，之所以在学习数学时比较困难，很多时候就是因为没有发育到一个阶段而已，而一旦到了这个阶段，会有一种豁然开朗的感觉。所以，父母在很多时候要有耐心。

最后要学会说"不"。这里面不仅包括说"不"的决心，而且也包括如何说"不"。先来谈决心，孩子是一种"狡猾的生物"，他能够敏锐地发现如何控制家长，并会不断地加以利用。尽管我们都知道在某些方面必须有原则性，但这些原则往往很容易被孩子突破。家长一定要有红线意识，而且也要让孩子有同样的意识。

这里面有以下四个方面的内容。

1. 你自己要是个有底线的人。

如果你自己就是个毫无原则或者原则性不强的人，那么你被孩子绑架几乎是不可避免的。说实话，我并不是很同情那些在商场被孩子抱住大腿哭闹的家长，如果没有日常的纵容，孩子是不会发展到这种地步的。我们做家长的必须知道，你的软弱其实就是对你孩子不良习惯的纵容。

2. 家长必须明确地告诉孩子，红线在哪里，为什么你要说"不"。

"不教而杀谓之虐"，如果你只是说"不"而不告诉孩子为什么，实际上你不是在帮助孩子成长，而是在炫耀权力。尤其是对于小学生，家长必须告诉他自己做出决定的理由，而不仅仅是决定本身。

3. 家长的底线不仅要是清晰的，而且要是连续的。

比如，既然说好不写完作业不能看电视，那么哪怕作业不是很着急，哪怕电视节目非常精彩也必须坚持写完作业。相比于不近人情，更糟糕的是朝令夕改。因此，我们要注意两点：一是不要制定难以连续的底线，每一次不得不变更底线都是对下一次破坏约定做出示范；二是自己不能破坏承诺，一个没有信用的家长，他所谓的底线是不会让孩子信服的。

4. 家长们要保持一致。

孩子是非常聪明而且善于观察的，他们尤其善于利用家长之间的分歧。夫妻之间、爷爷爸爸之间，那些大人自以为隐藏起来的分歧，或早或晚都会被孩子摸得清清楚楚，然后善加利用。因此，家长们最重要的一点就是保持一致。如果家长中存在做好人的，那么其他家长的底线经常就是这位家长用来讨好孩子的筹码。所以，底线是什么，家长之间一定要达成共识，不管讨论的时候多么无所谓，一旦达成共识，就要坚持到底。当孩子试图各个击破的时候，一定要让家里最有原则的人来做决定，比如各家各户里最常见的一句话"问你妈去"。

当然，光有清晰的底线和说"不"的决心是不够的，家长们还要学会用对方式方法。一个唱红脸、一个唱白脸虽然是惯用且管用的伎俩，但还有一个原则却经常被家长所忽视。

那就是和孩子发生直接冲突的家长，并不能总依赖另一个人来缓和自己与孩子的关系。意外的小礼物、温暖的陪伴、讲一会儿故事都是很有效的方法，我们必须在说"不"之后，及时告诉孩子，我们仍然爱着他。我们经常讲，**拥有懂得放手的母亲和懂得陪伴的父亲是孩子的福气**。作为父母的我们要避免留下单一刻板的印象，对于规则执行者来说，他尤其要注意，他的形象必须时时刻刻用温柔与爱来修饰。

为孩子挑选合适的伙伴

教育的本质是社会化的过程，这其中既包括技能的学习，也包括寻找自己在人群中的定位。坦率来讲，在这方面小学比大学重要得多。很多时候，孩子其实都差不多，所谓领袖气质不过是小时候得到了老师、同学较多的肯定而形成的自信。**孩子在群体中的地位，孩子与伙伴的关系，往往对孩子未来的气质有非常重要的影响。**一个从小就是受气包的孩子，很容易在青少年阶段缺乏自信，甚至直到成年也难以走出阴影。

在小学阶段，老师、家长与孩子的关系，都对孩子的气质养成有重要的影响，但更重要的是孩子之间的关系。我们做家长的要提醒自己，为孩子挑选伙伴，其实就是在为孩子的气质养成塑造外部的环境。我们要注意以下四个方面。

1. 要尽力避免孩子与强势甚至霸凌的同伴来往。

孩子的世界虽然单纯但未必善良。恃强凌弱在孩子之间其实是常态。很多家长总是倾向于用孩子之间的玩闹来解读孩子之间的关系，但玩闹背后其实是孩子之间的权力关系。你只要稍微仔细观察就会发现，受欺负的总是那么几个孩子，欺负人的也总是那么几个孩子。这不是说欺负人的孩子就是坏孩子，而是说在任何群体里都有权力关系，都有弱肉强食。

我们做家长的通常对身体霸凌比较敏感，如果孩子遭人打了，很少有人能够熟视无睹，但很多精神上的霸凌却往往不能引起我们足够的注意，尤其是这些霸凌往往都是发生在大家普遍认为的好孩子而非坏孩子身上，所以更容易被人忽视。

我们做家长的通常都希望自己的孩子和成绩好、聪明伶俐的孩子交往，但时常没有注意到，恰恰是这样的孩子容易用居高临下、骄横跋扈的姿态与不如自己的孩子来往。孩子与显著优于自己的孩子来往，家长们通常以为这样可以让自己的孩子有所进步，但很多时候却让自己的孩子不仅丧失自信，而且沦为其他孩子的跟班甚至欺负的对象。我们要知道，我们的孩子不是用来给别人的孩子找优越感的，**不管其他的孩子再怎么优秀，如果他让我们的孩子不舒服，那么我们首先要考虑的就是让自己的孩子远离他**。如果一个孩子在和你的孩子交往的过程中，总是处于强势，总是习惯赢，那么你应该为你的孩子换一个伙伴。因为一个习惯性当输家的孩子往往在不经意的过程中丧失最为宝贵的自信心。

2. 不要基于客气或礼貌，在其他家长和孩子面前让自己的孩子向其他孩子学习。

我们要明白，孩子的自信心不是家长用来谦虚的。**成年人的虚伪很容易让孩子当真，你的客气会让你的孩子丧失自信，也会让其他人的孩子过度膨胀**。在孩子们面前，家长首先想到的是支持自己的孩子。一个连自己父母都不支持的孩子，通常在孩子群里都是被欺负的对象。你只有成为自己孩子的坚强后盾，其他孩子才可能尊重你的孩子。

家长容易犯下的最为常见的错误有两种：一是当着自己孩子的面表扬其他孩子，让自己孩子向对方学习；二是拜托其他孩子保护自己的孩子。这两种做法不仅打击自己孩子的自信心，而且实际上也是在鼓励其他孩子以强者的姿态霸凌自己的孩子。家长们一定要明白，**人之所以会被欺负不仅仅是弱的问题，更重要的是示弱的问题**。如果家长自己先尿了，孩子被人欺负几乎是必然的。

3. 在孩子们活动的时候，要注意观察、及时干预。

有一些家长觉得，孩子的事情大人最好不要多管，因为孩子有孩子的秩序。可问题在于，孩子间的秩序是弱肉强食，甚至是比成年人还不懂得掩饰的弱肉强食。如果你的孩子是肉，你要不要管？

对于打打闹闹、磕磕碰碰，家长也许一笑了之，但**对于自己孩子被欺负、被孤立、被边缘化，一定要高度重视。做家长的不仅要及时和自己的孩子沟通，鼓励孩子表现出强硬，而且要创造条件为自己的孩子翻盘。**比如，创造主场优势，主办社交活动，邀请其他孩子来家里玩自己孩子擅长的游戏、聊自己孩子擅长的话题，或者邀请自己的孩子觉得不错的同学一起聚会，与这些孩子加强联系。家长之间的沟通也是非常重要的，面对一个强势的喜欢欺负别人的孩子，被欺负的孩子一定不止一个，这些被欺负的孩子的家长完全可以重新建群。

值得提醒的一点是，加强身体素质的训练是非常重要的，孩子身体的强弱往往与孩子之间的权力秩序密切相关。所以我也对很多家长朋友讲，在小学阶段，让孩子上体育方面的辅导班是必需的。你的孩子身强体壮并不是用来欺负人的，而是用来不被人欺负的。

4. 远离有恶习的孩子。

由于家庭、教育甚至天赋的问题，很多孩子是有恶习的。近朱者赤，近墨者黑。偏私任性、骄奢淫逸的感染力通常比朴实善良要大得多。在孩子没有完全树立正确的价值观之前，要尽力避免他们被有不好习性的孩子感染。孟母三迁与其说是换地方，不如说是换朋友。这不是我们做家长的小心眼要打量别人家的小孩子，而是这些孩子会对我们的孩子产生不好的影响。家长不仅要仔细观察孩子玩伴的习性以及孩子在与朋友相处之后的变化，还要尽可能地了解这些孩子的家庭背景，尤其是家长的人品属性。父母三观不正，孩子通常会有类似的问题。当然这么说一个孩子并不合适，但是为了我们的孩子，谨慎一点是必要的。

陪伴与嬉戏和教育一样重要

在幼儿阶段，父母经常和孩子游戏玩闹，但到了小学阶段，尤其是三年级以后，因为学习的压力，越来越多的父母开始从陪孩子嬉戏到寓教于乐的转型。这个出发点是没有问题的，但是非常不容易把握好尺度。所谓的寓教于乐，在实践中往往就只剩下教而没有了乐。

作为一名小学生的家长，我有一个看法分享给大家，那就是**寓教于乐指的不是一种快乐的教育方法，而是在与孩子的游戏中，自然而然地能让孩子学到东西。**什么意思呢？寓教于乐并不是以教为目的，乐为手段，而是以陪伴、游戏为主要目的，教则是一种随机的副产品。在小学阶段，做家长的之所以陪孩子玩，不是因为在陪伴中，我们可以植入学习的内容，而是因为在陪伴与游戏中，孩子的身体可以获得锻炼、身心可以获得成长、智力可以获得开发。所以，家长不要用太功利的心态去看待陪孩子玩这件事。这件事的效果是长期的、随机的，不能用绩效考核的眼光去衡量。当然，陪孩子也不是瞎玩，最糟糕的方式莫过于和孩子一起看电视、玩手机了。如何陪玩，我们应该考虑以下四个方面的内容。

1. 要注重孩子身体的锻炼。

随着孩子的成长，他游戏的时间会越来越少。小时候的跑跳嬉戏，都是为以后的身体打基础。小时候没有玩好，长大了也难以学好。所谓的玩就要好好玩就是这个道理。不是不学习就是在休息了，家长要尽可能地带孩子出去踢球、散步、游泳、爬山等，陪孩子做户外运动。尤其是不爱运动的孩子，更要让孩子动起来。当然，要做到这点其实并不容易，因为不爱运动的孩子，通常父母也不爱运动。有人说肥胖会遗传并不是因为基因，而是因为饮食和生活习惯。所以想要让孩子动起来，家长就要先动起来。

2. 要注重孩子的智力开发。

现在小学阶段的科目考得越来越活，尤其是数学，已经不再像过去一样侧重考查计算能力，而是更多地将数学题隐藏在生活现象中。很多孩子的学习问题就在于不会将生活问题数学化上。这要求做家长的，在陪孩子的过程中，有意识地对孩子进行智力开发，让他们在生活中获得思考问题、解决问题的能力。比如在动物园，让孩子判断方向、识别南北；比如出门旅行，让孩子计算时间、掌握行程。总而言之，就是要让孩子在和大人玩的过程中，主动思考问题，而不是直接被大人安排。现在的小学二、三年级，有大量的应用题都和买东西有关。我的孩子曾经一见到这样的题目就犯怵。大人翻来覆去地讲，孩子还是听不懂。后来我就带娃去买菜，让他自己挑、自己买、自己算账，这个老大难问题最后自然而然地解决了。

现在很多家长热衷于送孩子去学编程、围棋，但这些项目并不适合所有孩子。如何根据各个家庭的实际情况开发孩子的智力，才是最重要的。孩子不一定非要学习高深的围棋、国际象棋。利用扑克牌玩一些简单的游戏，比如用四张牌通过加减乘除凑出 24 就是一款在日常生活与旅行过程中开发数学能力的游戏。又比如猜谜语、文字接龙、故事接龙，能够极大地提高孩子的想象力、表达力和词汇量。

3. 远离手机、电视和电脑游戏。

现在很多家长喜欢用 iPad、手机里的小游戏来让孩子开发智力，这一点我是有不同看法的。这些方法，其实只是让家长更轻松而已，对孩子的坏处恐怕远远超过它们所能够带来的益处。

常玩抖音、微信的朋友，很可能会意识到，你的阅读能力尤其是深度阅读能力，会有比较明显的下降。对于成年人来说，这个问题可能还不是很大，但对于孩子来说，这个问题导致的后果可能是灾难性的。小学就养成依赖手机的孩子，很可能在将来面临比较大的阅读问题。阅读能力是通过专注地读书而不是玩手机获得的。很多家长觉得孩子玩手机、看电视的时候特别专注，其实这是一个巨大的误区。手机和电视屏幕的呈现是发散的而非专注的，它的本质是碎片化与平面化的，所以孩子专注手机和电视只能导致注意力无法集中、无法进行深入思考。

我们这一代人的孩子其实不缺玩手机或电脑的机会，晚一点接触不会让你的孩子落伍。无论是手机，还是电脑，都是对人十分友好的科技产品，友好到你就是一个傻子也可以轻易地融入其中。我们的孩子更容易缺乏的是良好的视力、颈椎、专注度和阅读力，而这些往往是需要通过抵抗手机、电脑来获得的。我一直主张，能不接触就不接触，能晚点接触就晚点接触。很多家长经常讲，只要有个度，别让孩子玩上瘾，用来放松一下就好。实话实说，普通的家长是不可能控制好这个度的，因为电脑、手机的背后，是非常强大的资本、企业、科技的力量，游戏的成瘾性是游戏的核心竞争力，是由专业人士、人类学家、心理学家共同开发的，他们的目的就是要从家长的手里夺走孩子，就是要从现实生活中夺走人的注意力。我们真的有自信能够斗得过他们？

4. 家长一定要明白，陪伴孩子，其实是我们最宝贵的福利。

现在也许真的很烦，但是再过几年，你想烦都没的烦。陪孩子很累，周末谁都想躺着玩手机。陪孩子很烦，家长多大的人了，还像个孩子一样做游戏，在公园里躲猫猫，有时候都蠢得、臊得想哭出来，但是再过几年，这都是最珍贵的回忆。今天的累和烦不仅是未来亲子关系最牢固的基础，也是我们人生中最重要、最美好的体验。因为在这个过程中，我们不仅让我们的孩子成为最好的人，也让自己成为最美好的人。

你爬山累不累、旅游累不累、打麻将累不累、玩手机累不累，为什么就那么乐此不疲，还以此为生命中的必要放松呢？那么陪孩子为什么就不能烦并快乐着呢？

想明白这个道理，希望你能多一些耐心，也多一些快乐。陪孩子真的是非常重要的事情。

游戏和学习，不同年龄段儿童发展的匹配策略

一、孩子总喜欢玩游戏，应该怎么办

心理老师王超认为：孩子喜欢玩游戏是一件非常正常的事情。在儿童的成长发育过程中，游戏是一种非常重要的成长训练方法。游戏教学符合孩子的学习规律，让孩子保持学习兴趣的同时发展孩子的社交能力。对于家长们来说，更忧心的应该是电子游戏，尤其是现在的网络电子游戏。

因此，我建议：

1. 正确看待孩子玩游戏这件事情，凡事有度，只要不是太长时间，是可以允许的。

目前的小学环境中，电子游戏是一种非常重要的社交手段，如果不懂电子游戏，没有接触过电子游戏是很可能被排除在班级主流的社交圈子外的（尤其是男生）。被排挤所造成的影响远远大于沉迷电子游戏带来的。同时，游戏对于孩子的反应能力、感统能力有很好的训练作用。所以需要注意的是孩子们玩游戏的时间而不是完全杜绝。

2. 需要和孩子约定，完成每天规定的任务之后可以玩游戏。

家长甚至可以和孩子一起玩游戏来增进相互之间的沟通和了解。在此之前需要和孩子约法三章，学习要全情投入，不能偷玩手机。在设定任务时需要合理，不能过多，同时也可以给自己设定一些任务，增进孩子的公平感，以身作则增强孩子的规则意识。

3. 替代性游戏。

家长们可以购买一些创造性的玩具（拼图、积木一类），作为电子游戏的替代性游戏。这些玩具能满足孩子对游戏的大多数需求，而作为家长，我们还可以陪伴孩子一起玩。作为有目标、有难度的游戏体验，共同完成目标后，能够很好地增进亲子关系。

二、对于孩子来说，有什么适合放松的娱乐方法呢

心理老师王超认为：对于上小学的孩子来说，适合他们的放松方法有很多，这个年纪的孩子对外界的事物保持着新鲜感和求知欲，对于人际关系也是非常渴望的。我们经常可以看到几个小学生聚在一起玩一些很无聊的游戏。在这个过程中，游戏内容并不重要，和同伴交往的过程很重要。家长们首先需要明确让孩子放松娱乐的目的是什么。很多家长在陪孩子的过程中为了有自己的空间或者图省事，就会扔给孩子一台iPad或者手机让孩子自己玩。这种情况虽然很省事，但后续会出现很多问题。这里并不是说让孩子完全杜绝电子产品，如何使用好电子产品，如何把握使用的度才是关键。同时我们还需要明确，让孩子娱乐放松的同时希望孩子获得什么？或者家长们希望获得什么？

下面是根据心理学相关的推荐总结出来的方法。

1. 对于低龄孩子（一年级到三年级），家长可以陪着孩子一起进行逻辑思维题目竞猜。逻辑思维题目类似于以前的脑筋急转弯，对于这个年纪的孩子，寓教于乐的同时也可以增进亲子关系。

2. 对于低龄孩子（一年级到三年级），家长可以陪孩子

玩抓石子、打弹子、叠叠乐等需要精细动作的游戏，训练这个年纪的孩子的感统能力。

3. 对于高龄孩子（四年级到六年级），乐高类拼装积木是非常好的玩具。我推荐的是普通款乐高积木，相对于其他需要按照图纸拼装的乐高，普通类乐高更能够激发孩子的创造力和协作精神。

4. 可以根据孩子的特长，在家里给他们安排相应的管理工作。比如好动、爱表现的孩子可以让他们进行行为管理工作，管理家里其他人的行为；细致温柔的孩子可以参与到家庭的美化布置中，让他们按照自己的想法装饰家里；等等。这个目的是让孩子参与到家庭工作中，通过发挥他们的优势建立自信，同时形成和家庭的联结。

5. 正念训练是一种非常好的放松方式。目前很多的视听App 里都有相关的音频可供下载试听。对于长期受到焦虑困扰的孩子，每天按时进行正念训练是非常有好处的。

父母陪伴与亲子关系处理

一、常见亲子相处模式及优缺点分析

问题：我之前一直和孩子相处得很好，但不知道从什么时候开始，孩子开始抗拒我，到底是怎么了？

心理老师王超认为：孩子在进入高年级之后，随着自我意识逐渐增强，他们开始注重自我探索与自我保护，具有隐私意识，变得独立、社会化。家长们可以感受到孩子的成长，同时也需要了解到伴随孩子成长的同时，亲子间的相处模式也需要进行调整和改变。这个阶段的孩子并不是抗拒和排斥家长，而是希望有自己的空间，渴望得到平等的对待和尊重。

因此家长们发现，以前所使用的沟通方法现在全都不适用了，以前"听话懂事"的小宝贝现在变得陌生易怒，以前渴望和自己一起出游的孩子变得只喜欢和自己的同学朋友一起玩耍。这些变化符合孩子成长和发展的规律，在这个过程中，更需要家长们进行调整和适应。

因此，我建议：

1. 调整与孩子的沟通方式。

沟通技巧一类的其他章节都有介绍，这里主要是帮助家长们明确沟通的方式。命令式的沟通方式不再适合，家长们在沟通和表达的时候可以用"我"而不是"你"作为主语进行表达，例如"你现在应该去学习了"变成"我希望你可以遵守咱们的约定开始去学习了"。在调整主语的同时，家长们也可以进行自我感受的表达，例如"我很开心，是因为……""我很愤怒，是因为……"等。

2. 调整好自己的心态。

和孩子需要不断地学习和成长一样，家长也需要不断地学习和成长。在这个过程中，家长们需要根据孩子的不同成长阶段调整好自己的心态。

问题：慢慢地没办法辅导孩子学习了，我应该如何陪伴

孩子学习呢？

心理老师王超认为：当孩子逐渐步入高年级时，父母很有可能无法对孩子的学业进行辅导了。一方面，由于随着年级增长，孩子所学的知识难度增加，需要用特定的方法和思路去学习与应对考试，因此这方面的工作应该交由更加专业的人士来帮忙。另一方面，随着年龄增长，孩子逐渐开始进行自我探索和自我定义，对个人隐私和个人领地范围有明显的保护意识。这个时期的孩子开始进行家庭关系的剥离，逐渐从家庭中的个体蜕变为社会中的个体，对于家长的陪伴需求在不断下降。因此，如果家长们还是保持原有的相处模式，会在一定程度上触碰到孩子敏感脆弱的神经，尤其是他们想要极力掩盖或者隐藏的羞于表达的方面。这个时候，如果家长点破，会让孩子出奇地愤怒，严重影响亲子关系。

因此，我建议：

1. 家长们先做好心理建设。

我接触过很多案例，虽然家长在表达自己的孩子长不大，只会依赖自己，不能独当一面，其实深层原因是家长无法接受孩子的离开，极力将孩子纳入自己的保护范围，不断给孩子暗示没有父母他什么也做不了。因此，家长们先要在这个阶段接受孩子的成长和分离（这个分离不是物理层面而是心理层面），有转变自己行为和态度的思想准备。

2. 做好工作的转变。

学业问题交给专业人士去处理，可以寻求课外辅导机构的帮助。这个阶段家长要做好的是支持工作，对于孩子的合理需求进行满足，关注孩子的情绪变化和行为变化，及时与老师沟通。

3. 在孩子学习时可以做"陪读"。

当孩子写作业或者学习时，家长可以先在一旁看书或者同时进行学习。从辅导孩子学习到孩子独立学习的过程，陪伴学习起到了一个非常良好的过渡作用。这种方式不但给予孩子安全感和公平感，同时也给孩子树立起终身学习的良好榜样。

二、父母的阶段性需求与孩子的阶段性需求

问题：我明明付出了这么多，但孩子还是不了解我的良苦用心，我应该怎么办？

心理老师王超认为：如果父母付出很多，但孩子却很难回应或者不接受这些好意，父母就要退回来想一想，是不

是应对的方法，包括对孩子的方式是孩子所不愿意接受的。很多时候说明是沟通出现了问题，也就是当我们在这样为孩子好的时候，孩子的理解和解读里面并不觉得这是一个理解他和了解他的困难处境的方法，所以我们需要退回来。父母先需要去跟孩子确认这样去帮他忙的时候，他是什么样的感受，他是怎么样去理解这个帮助的，然后再和孩子讨论他需要的帮助是怎样的，他所面临的困难是怎样的。这样才能够让我们的努力和付出，有一个比较好的回报或者一个比较好的互动。

因此，我提出以下三点建议。

1. 在沟通的时候注意方式和情绪，不要带有抱怨或者恨铁不成钢的情绪在里面。

家长们需要让孩子了解到自己的付出和不易，但不能建立在自我牺牲的前提之下，比如："我为了你放弃了去读博士的机会，否则我现在肯定是……你还不争气，你这样对得起我们吗？！"这种表达是单纯的情绪宣泄，只会增加孩子的压力和抵触情绪。

2. 家长们需要进行换位思考。

换位思考，也就是抱有同理心，了解孩子的需求，不要站在自己的角度认为孩子需要什么，而是站在孩子的角度了解孩子需要什么。必要时可以进行确认，了解孩子的难处和需求，更有针对性地付出。

3. 需要调整心态。

家长们付出的时候，是出于对孩子的考虑还是满足自己。有很多家长表现出的付出是对孩子的一种逼迫和裹挟。家长在付出的过程中总是想着"你看，我对你付出了这么多，牺牲了这么多，表现出了我的爱和无私。相对地，你也得很好地回报"。家长们需要了解自己付出的目的，不是自我陶醉和自我满足，而是满足孩子的需求。

问题：有亲人离世或者家庭变故，如何帮助孩子接受这样的事实？

心理老师王超认为：家庭变故会导致家庭生活突然变化，对于学龄期的孩子来说，他们会依据自己的人格特质和心理特质对于事件和大人的行为反应进行解读。突然的变化会造成短时间内非常激烈的应激情绪反应，如哀伤、愤怒、不信任、嫉妒等；长期来看也会对其他心理层面产生影响，如亲密关系的建立、情绪稳定性、个人自我效能感等。

因此，我建议：

1. 遭逢剧变，家长们需要时刻关注孩子的情绪感受，可在这个过程中，表达的重要性大于情绪的疏导，家长们切勿急于解决孩子的负面情绪，充分的表达和释放是最重要的。

2. 告诉孩子未来的安排。

尤其是对于家庭关系破裂以及家庭突遭经济变故的情况下，除了对孩子说清楚目前家中情况，对于未来的安排也要详细告知。从很多案例反馈的情况来看，短时间内孩子会表现出应激情绪，接下来就是冷漠和无言。在这种情况下，孩子不是没有什么感受或者情绪释放完毕，而是完全不知道该如何做，对于未来一片混沌。家长必须让孩子了解未来会发生的事情以及家中的一些安排，让孩子做到心中有数。

3. 时刻让孩子有安全感。

家庭突遭变故，孩子的安全感会突然下降，很多家长为了缓解焦虑会采用旅游、搬家等方式让孩子远离事故中心，这样做反而让孩子更加缺乏安全感。在这种情况下，一定要让孩子在熟悉的环境中，因为熟悉的环境会给孩子带来安全感，冲淡因为变故带来的疑虑和不安。

4. 充分表达对孩子的爱。

需要让孩子了解到，家庭的变故不会让爱消失，父母的爱依然存在，甚至会更多。

5. 利用良好的社会支持体系。

充分调动孩子的朋友及同学资源，让朋友和同学陪伴孩子度过前期的情绪应激状态，让孩子将注意力放在远离事故中心的地方。

6. 将情感转化为动力。

在亲人离世时，需要让孩子了解到亲人去世的含义，同时表达去世亲人对孩子的关怀与期待，比如"爷爷／奶奶最希望看到你健康快乐，考上一个好大学"。对于处理哀伤情绪，一个很好的方法就是将哀伤情绪转化为动力，化悲痛为力量，让孩子着眼于现实和未来。

三、常见亲子问题及处理方法

问题：孩子根本不和我们说话，什么事情都不和我们讲，如何能够让他们愿意分享？

心理老师王超认为：孩子成长的过程中，社交需求增加、能力增强，如果我们沟通方式不当，很容易和孩子产生矛盾和纠纷。在这种情况之下，同龄的朋友是孩子们最好的倾诉对象和共情对象。他们有共同的爱好、相似的经历以及思维模式，孩子在朋友那里得到的更多是理解和支持，而在家长这里，一般得到的是训斥和指责。久而久之，孩子和父母之间无法形成一种良性的互动模式。从孩子的本意来看，他们也更加倾向于和有共同点的同伴交流。

所以，从小建立良好的沟通模式和给予孩子良性的沟通体验是非常重要的，如果之前没有做好相关的工作，在学龄期我们可以通过一些方式进行补救。其中分享幸福法是效果比较好的一种方法。这个方法以前需要每天记录，然后在固定时间进行面对面分享。很多家长觉得放不开或者难为情，所以我们可以先通过线上微信群的方式进行分享，之后慢慢转换为线下面对面分享。此方法具体如下。

1. 记录自己每天经历的 1 ~ 3 件让自己感到开心和幸福的事情，事情可大可小。

如被老师夸奖、吃到了喜欢的食物、今天天气很好或者自己的某条抖音点赞超过 200 等。事情可以非常小，只要这件事情让人感到开心和幸福即可。

2. 记录这件事情发生的过程（起因、经过及结果），并分析一下原因。

3. 每天固定时间在家庭群里进行打卡。

4. 打卡时可以配上表情图表示当时的开心程度。

5. 学会分享。

每半个月进行一次线下分享，每次分享内容就是这半个月感到最开心幸福的一件事情。分享时其他人务必认真聆听，可以对细节和具体感受进行追问，尽量不要进行窥探式发问。

这个方法已经在很多家庭和学校里使用，效果非常好。从分享中我们可以了解到孩子对什么感兴趣，喜欢什么，哪些事情会让他们开心，也可以让孩子了解到家长的喜好，其中共性的部分还能让孩子产生共鸣，拉近和家长之间的距离。大家在交流和分享的过程中全都是积极的，所以交流过程中的情绪体验也都是积极的，这样就可以形成比较好的交流互动，为以后进一步交流打下基础。

这个方法可能会出现的主要问题来自孩子的不配合。如果隔阂比较严重，我们可以通过老师布置作业的方式将这个分享以任务的方式让孩子完成。经验告诉我，在过程中，孩子会逐渐从应付任务转变为交流真情实感，但这需要我们家长用心去完成任务，真心交流。如果亲子间的沟通没有问题，用这个方法会进一步巩固亲子关系，避免青春期可能出现的很多隔阂和分歧。

第 2 章

方法：培养孩子有效的学习方法

所有学科的学习，都离不开长期的积累。我们可以这样说，制定并完成目标的过程，既是一个学习的过程，也是一个锻炼自律能力的过程。

如何制订学习计划并坚持实施

很多家长喜欢在假期或者新学期开始的时候给孩子制订各种各样的学习计划，但通常都坚持不下来。其实不只是小朋友，大多数成年人每一年制订的新年计划，也就是刚刚跨年的时候说说而已。究其原因，很多时候是因为我们给自己定下的是"目标"，而非"计划"。这两者最大的区别就在于是否可执行、可操作、可实现。

在做工作计划的时候，很多公司或者企业会采用SMART原则。仅就假期而言，在帮助孩子制订学习计划的时候，不同基础和目标的孩子肯定各有不同，但原则可以借鉴如下五点。

1.S（Specific）代表具体。

制定的目标不可以笼统,如"把新学期的内容预习一下",换成"浏览新学期前四单元的主要内容,并完成对应的练习题,对不会的题目做好标记",则相对具体。

2.M（Measurable）代表可度量。

如"假期提高计算能力"就不是一个可以度量的目标,因为提高到什么标准并没有明确的说法。相对可度量的目标为"10分钟内完成50道本年级口算题,并且错误题目在三道以内"。

3.A（Attainable）代表可实现。

顾名思义,制定的目标对于孩子而言不能过于简单或者过于艰深,应该是合理且孩子经过努力能够实现的。所以,这就要求在制订学习计划的过程中,孩子不是被动的接受者,而是主动的参与者。制订计划的过程和最终目标都要得到孩子的认可。

4.R（Relevant）代表相关性。

制订的计划跟孩子的学习现状、下学期的学习目标以及未来的发展有关。比如,孩子在应用题上相对比较薄弱,那么学习目标可以更倾向于针对应用题的知识。

5.T（Time-bound）代表有时限。

这里的时限性有两重含义。第一个含义是孩子的学习计划应该有具体的时间，比如每一天或者每两天。制订的计划应该是内容导向，而不是时段导向。如"每天练习口算半个小时"就是一个无效的计划，因为这半个小时的利用率可能非常低，应该改成半个小时正常速度能够完成多少题目，如"每天完成 150 道口算练习"。第二个含义是家长也需要在每个时间节点来监督和检查孩子的完成情况，并进行正向的激励或者指出具体的问题，而不能不管过程只看结果。

假期应该如何高效利用

教育行业经常流传着一些玩笑话：

"为什么学校会有寒暑假？""要不然老师会被气死。"

"那为什么寒暑假只有一两个月？""要不然家长会被气死。"

不知道家长有没有思考过，为什么会有寒假和暑假呢？如果说是因为天气太冷或者太热，不适合未成年人外出学习，那么对于一些气候适宜的地区，这个理由明显不成立。而大学生已经是成年人了，似乎不应该享受如此特殊的优待，但大学也都有对应的寒假和暑假。其实，制定这个政策的初衷是因为孩子的天赋、兴趣、基础不完全相同，所以需要专门的时间针对自己的兴趣、特长进行学习。

所以，各位家长和同学千万不要单纯地认为假期是一个放松甚至放纵的时段。**实际上，每次假期结束的时刻，都是孩子们拉开差距的时候**。因为对于有些同学而言，假期就是看电视、刷抖音、打游戏的时间，而对于另一些同学，假期是针对自己的短板进行专项学习、针对自己的兴趣进行深入研究的时候。

那么，假期到底该如何利用？在这里跟大家提以下五点建议。

1. 制订学习计划，保持学习状态。

每次开学之后，都会出现一部分学生假期"玩疯了"，在课堂上学不进去，而且之前学习的内容还遗忘了大半的情况，甚至有些孩子需要一两个月才能调整过来。所以，孩子们一定不要把假期的学习任务都堆在刚刚放假或者开学之前两三天内完成，这样不仅无助于保持学习状态，而且完成的质量也可想而知。

2. 针对薄弱科目或者擅长科目进行强化补充。

在义务教育阶段，孩子学习的内容都是比较基础的，而这些内容对于孩子建构基础能力非常重要，所以在这个阶段如果某个科目比较薄弱，可以通过假期进行专项特训。当然，如果某个科目比较擅长，需要完成一些阶段性的学习目标，也可以利用假期进行特训。

3. 坚持体育锻炼，作息节奏健康。

首先，良好的体魄有助于孩子在高强度的学习中保持状态；其次，孩子在体育运动中学会竞争也学会合作，学会如何争胜也适应失败，这对于孩子培养不屈的意志和平和的心态大有裨益。而平时的学校生活中，孩子的身体锻炼时间普遍不足，所以可以利用假期锻炼身体。

4. 练习做家务，掌握生活技能。

在假期中，让孩子适当做家务，并且学习一些必备的生活技能。这一方面是为了培养孩子的独立生存能力，避免成为只会读书的"做题家"；另一方面也是为了培养孩子对于整个家庭的责任感，避免觉得自己理所应当需要被照顾。

5. 针对自己的兴趣进行深入研究，形成阶段结果。

我们的教育应该把孩子培养成一个"有趣的人"，即有自己感兴趣的领域，并且进行过深入的研究，而假期时间相对宽裕，恰好是培养爱好的黄金时期。举我的两个学生的例子，一个学生对地理感兴趣，用一个假期的时间记下了世界上所有国家的首都和国旗；另一个学生对航空感兴趣，假期上网研究了历代民航客机的演变历史，并自己开通了微信公众号。这都是很好的实践积累。

孩子注意力不集中怎么办

发现孩子注意力总是不集中的时候，先不要着急苛责孩子。因为即使是成年人也很难长时间保持注意力高度集中，一直高效率地学习，更何况很多小朋友正处在贪玩好动、好奇心旺盛的年纪。这属于正常的现象，大部分孩子都存在类似的问题，并不只有自己家的孩子贪玩。

有些家长的要求比较严格，一旦看到孩子走神就批评责骂，强迫孩子坐回书桌前。他们忽略了一个问题：集中注意力，也是一种能力，需要引导和培养。指责和批评或许可以让孩子意识到错误，但他不知道该如何集中注意力来学习，依然不自觉地就走神了。有时候因为害怕挨骂，孩子只好装出在认真学习的样子，而这样的学习效率非常低。

如何培养孩子的注意力？家长一要注意方法，二要注意陪伴。

在方法上，不要强调学习的总时长，而要强调有效时长，或者强调目标管理。

孩子可能在书桌前坐了一天，什么也没看进去，这样的学习效果还不如好好学半个小时。家长可以先把学习目标切碎、细化，让孩子在很短的时间里集中精力完成一件事情，然后给予短暂的休息。休息时间不能过长，否则就很难"收心"，如吃一个水果、吃一点零食等，休息过后马上去完成另一件事情。短期的注意力集中做到之后，再逐步提高，最终让孩子能够合理地安排自己的时间，做到劳逸结合。

学习的时间不要规定得过于严格，例如"周六 8∶00—12∶00，学习"，这样容易导致孩子走上走神、耗时间的道路。应该强调目标管理法：如做完了作业之后，可以去看动画片；如果周六把两天的学习任务都完成了，周日就可以睡懒觉或者出门玩。这样，孩子会发现，提高学习效率以后，省下来的时间是自由时间，才会有动力，主动思考如何提高学习效率获得更多的自由时间。

另一个重点是陪伴。现实中，有很多家长在客厅看电视、玩手机、刷抖音，但要求孩子一动不动地坐在书桌前，心无旁骛地学习。家长已经很多年没有耐下性子看完一本纸质书了，但要求孩子必须爱读书，最好随时保持高度集中的注意力。

父母是孩子的老师，也是榜样。孩子总容易走神的时候，其实最简单的解决办法就是父母拿本书在他附近看，互不干扰，各看各的，形成安静专注的氛围。作业有疑问让孩子先自己解决，或者攒起来，过半个小时问一次。发现孩子走神不要立刻责骂，在他看得见的地方继续专注看书就行，慢慢给孩子培养出"应该像爸爸／妈妈这样学习才是对的"的意识。

再次强调，集中注意力，是一种需要培养的能力，而不是理所当然的本能。要对孩子多一点耐心，家长也要多一点思考、多起一点表率作用！

如何锻炼孩子的注意力

在学龄期，家长们需要重视孩子的注意力训练，尤其是幼儿园及学龄早期，这个年龄段很容易受到暗示的影响。培养良好的注意力，能够保证优秀的学业成绩，对于孩子保持自信，保持充沛的学习动机都非常有帮助。

因此，我建议在学龄早期家长们可以配合游戏方式锻炼孩子的注意力，比较常用的游戏有以下几种。

舒尔特图：将 1 ~ 25 个数字打乱写在一个 5×5 的方格内，让孩子从 1 开始按照顺序逐一寻找，直到 25 为止。低年级的孩子可以使用 4×4 的方格，寻找 1 ~ 16 个数字。在游戏过程中孩子需要用手指出数字并大声朗读，家长帮助孩子进行计时。一般来说，40 秒以内完成为达标。

扑克记忆法：将 3 ~ 5 张不一样的扑克牌放在桌子上，让孩子选择其中一张并记住位置，接下来家长可以在孩子的注视下缓慢（速度可根据孩子的熟练程度增加）变换这些扑克牌的位置，让孩子进行视线追踪，最后需要选出孩子一开始所选择的那一张牌。

密码复述法：相比于前两种视觉注意的训练，这个训练在于听觉。家长可以任意选择 5 ~ 9 个数字组成无意义的密码，朗读这个密码并让孩子复述，如果孩子的正确率很高还可以增加到 11 个数字左右。其中可以加入抗干扰训练，例如在一个房间由妈妈读密码，让孩子记住密码并走去另一个房间给爸爸复述密码。在此过程中，不但训练孩子的听觉，还训练孩子的记忆抗干扰能力。

密码倒序法：这个方法和前一个密码复述法类似，也是听觉训练，但这个训练难度更高，并且在训练孩子注意力的同时训练孩子的短时记忆能力。具体方法是家长可以任意选择 4 ~ 7 个数字组成无意义的密码，朗读这个密码，需要让孩子倒述出这个密码，例如家长说 2351，孩子需要倒述出 1532。可以从 4 个数字开始，训练到 7 个数字即可。

除了以上的一些训练方法，还有迷宫图、找不同、数字连线等很多注意力训练方法。如果家庭条件允许，也可以报名参加一些社会上的注意力辅导班。这些机构中，训练的方法和效果会比一般训练好很多，但这些需要很多专业道具辅助，不适合在家单独训练。进行这些训练时，务必注意要持之以恒，一般来说2～3个月就会见效，相信各位家长的努力一定会换回丰厚的回报。

调整心态辅导孩子作业

"不辅导作业父（母）慈子孝，一辅导作业鸡飞狗跳"，应该怎么解决？

这种情况已经见怪不怪，作业已经成为破坏亲子关系最大的凶手。但这个事情其实是可以预防或者减缓的，我们应该先总结问题出现的原因，再根据这些原因对症下药。

父母的原因可能有以下三点。

1. 期望值过高，不了解某个年龄段的平均水平；

2. 缺少专业方法，孩子听不懂家长的辅导；

3. 缺少规划，不注重培养孩子的学习习惯。

孩子的原因可能有以下两点。

1. 学习习惯不好，没有复习意识；

2. 没完全弄懂老师在课堂上教的东西。

那么应该如何调整呢？知识辅导的具体方法，可以参考后面的相关问题。除此之外，还有两点需要跟家长达成共识。

首先，家长需要降低预期。孩子实际的水平如果比家长期待的要低，那么家长就要降低自己的期待，别把自己家的孩子想得那么厉害。把"你本来就该会这个"变成"你本来就不会这个"，这么想是不是就好一些了？

其次，我们单纯要求孩子要有好的学习习惯，要高效写作业，实际的效果远逊于父母的以身作则，以及给孩子营造一个良好的家庭学习氛围。所以，在孩子小的时候，我们特别推崇父母能够和孩子做一段时间的"同桌"。在每天的学习过程中，父母不是为了单纯辅导和监督孩子的作业，而是有自己的学习目标和学习任务，在这个过程中给孩子塑造一个正面的榜样，并且可以在当天的学习任务完成之后，和孩子一起讨论。

如何确立学习目标

制定的学习目标千万不能过高，否则基本就是放弃完成了。

很多家长容易犯一个错误，甚至自己当教师的都不例外。

我的一个朋友是中学教师，有一次跟我抱怨，说她的孩子（12岁，小升初）明明制订了暑假计划，但不按时完成，说话不算话，现在彻底耍赖翻脸，令她非常失望。母子俩正在冷战，谁也不理谁。孩子破罐子破摔，她也一肚子气。

她说："本来我俩一起订了计划，每天早晨七点起床，吃完早饭后读两个小时英语，可以玩半个小时游戏，然后做两个小时练习册。下午两点开始做两个小时练习册，可以玩半个小时游戏，然后再写一个小时练习册。晚饭后的时间可以自由看课外书。

"但是暑假第一天，孩子就起晚了，上午读完英语就一直玩游戏，下午写了两个小时作业，又去玩游戏看电视了。我问他怎么说话不算话，他也不理我。第二天也起晚了，读完英语就一直玩游戏，到了下午还在玩。我问他怎么不学习了，他说反正就是不学。"

最后她又总结："你说现在的孩子，一点毅力也没有，订好的计划一天都坚持不下来，还说话不算话，没有信用。"

我问她："你有没有订过减肥计划？"

她："有啊。"

我："是不是计划每天跑五公里或十公里，中午主要吃菜，晚上不吃东西，三天之后就腰酸腿痛不能运动，开始休息，并且觉得自己饿得不行，需要安慰一下，开始叫外卖、喝奶茶、吃零食？"

她："……"

很多事情，都是想起来容易，坚持下去难。制订计划的时候，大家通常都会高估自己的控制能力。一天背 100 个单词，一年就是 36500 个，听起来非常有成就感，而且前几天因为单词简单，还真的能咬着牙完成任务。从长远来看，很少有人能每天背 100 个单词，并且完全掌握，还要坚持一年。制定宏大的目标听起来让人热血沸腾，其实反而是可行性非常差的一种方式。必然无法实现的目标，人们肯定不会坚持，很容易就选择放弃。

我的朋友只看到孩子没有坚持计划，但没有思考孩子不坚持的理由。她认为孩子言而无信、没有毅力，而孩子也对自己有些失望，所以拒绝沟通，甚至自暴自弃。这个计划要求每天早起，而且保持七小时以上的高效学习时间，又是在暑假期间，对于任何一个学生来说，都是很有难度的挑战。这种计划放到家长身上，也是坚持不下来的。所以当我们类比到自己坚持不下来的计划，例如健身、减肥时，就很容易理解孩子的心情了。

1. 目标不在远大，贵在坚持。

目标的制定要循序渐进。不要一下子定个远大目标，而是先划定底线。哪怕一天背 10 个单词，一年除去各种异常，也有 3000 个。一周背一篇文章，一年也有四五十篇。一定要记住，目标的重点不是远大，而是点滴坚持。

2. 目标定在什么水平？自律就能完成的最好。

那么目标定在什么水平比较好呢？是不是要根据孩子的

年龄、水平等，再充分分析、具体细化呢？

其实没有这么复杂，所有学科的学习，都离不开长期的积累。我们可以这样说，制定并完成目标的过程，既是一个学习的过程，也是一个锻炼自律能力的过程。

所以，具体制定什么样的目标，在方向上，根据孩子的学习能力和学习目标来定；在强度上，最好是定在孩子只要做到自律就能完成的程度。例如，先定一个每天在现有基础上再花 30～60 分钟就能完成的目标。可以不单纯用时间来限定，而是折合成等价的工作量，激励孩子高效完成。等到孩子已经适应了当前的强度，养成习惯之后，再调整目标，适度增加。

如何制订学习计划，并确保落实

接着上面的话题，我们再来聊一下，如何科学合理地制订学习计划。

1. 长期计划 + 短期计划，随时调整。

学英语是一个长期的过程，学得越深，难度越高，所以不要一下子就把一整年的计划全都定死了。长期坚持的目标，要压力不大，可行性强，能坚持住才是胜利。在这个基础上，短期的计划要再进行临时的发挥与调整。例如，暑假前半段要出去玩，那么完成最低限度即可。后半段要为升学做准备，那么在计划之上额外增加一点学习量。设置浮动目标，更有利于适应每天不同的情况，孩子能坚持下来，也有一定的使命感和成就感。

2. 时间导向＋成果导向，相辅相成。

在前面的例子中，孩子的任务是设定为"学习 × 个小时"，这其实也是很多家庭中非常常见的方法。但有的时候，如果设定为"成果导向"的目标，会更利于提高学习效率，提高孩子的积极性。

例如，明确任务为"完成 15 页练习册"，完成练习册之后的时间都由孩子自由支配。这样就能督促孩子主动高效地完成任务。习惯了高效学习，习惯了注意力集中，对孩子各科的学习都会有很大的帮助。甚至有的时候沉浸在眼前的内容里，不知不觉就超过了原来预定的时间。按照时间来定任务的话，孩子很容易拖拖拉拉，或者一直惦记着还有多少时间，注意力不够集中。

不过，日常生活中更常见的是以时间为导向的目标，这主要有两个原因。

一个原因是，很多结果不好量化，无法将琐碎的学习任务挨个衡量，再科学地制订一个非常合理的学习计划出来，甚至制订计划就花掉了很多时间，结果什么也没有开始干。也有一些学习任务是需要一定的时间才能见到成果的，如晨读、朗诵。

另一个原因是，这样更加简单，管理起来更加容易。家长不需要了解孩子要干啥，只需要看看表，就不用管了。到点吃饭，到点休息，操心最少。

　　两种方法要相辅相成，不是其中的某一个一定是最好的。在方便制定成果导向目标时，家长就多花一点心思，设定合理的目标；在不方便制定成果导向目标时，就以时间为导向，用其他的方式来提高效率。

如何做好读书笔记

　　读书笔记很多时候都是课程要求的一部分，也的确是语文学习的一种非常有效的方式，更是孩子在具备消化语料能力后，自行积累语料的主要工具。相信大家都听过一个例子，女儿问妈妈："书读完了还是会忘记，那为什么要读书呢？"妈妈说："正是这个读过又忘记的过程，塑造了你的人格，培养了你的价值观。"

　　读书总是会忘记的，这是不可避免的事情。但书中总有让我们舍不得忘掉的部分，而这部分就是我们需要做好读书笔记的内容。喜欢的语句、认同的道理，或者喜欢的小故事，都可以记在读书笔记上，使之成为语料库的组成部分。

读书笔记说起来就是简单的摘抄，其实是非常好的学习工具，关键在于找对做笔记的方法和用笔记的方法。

1. 做笔记的注意事项。

　　做读书笔记的时候有一个常见的误区。因为要完成读书笔记，所以早早就摆好了文房四宝开始看书。一旦看到一个喜欢的段落，马上就抄下来，觉得作业又完成了一点。这个做法其实是不对的。因为阅读需要一定的连续性和沉浸性，跟着内容的思路走，才能更好地理解内容，以及作者想表达的思想。如果为了摘抄句子而过分关注文字本身的优美性，忽略了文章的连贯性、整体性，这种做法反而是顾此失彼、舍本逐末。

　　正确的做法是，遇到喜欢的句子先做简单的标记，然后继续阅读，等到读完一个完整的大篇章，再回过头来翻找标记的地方，摘抄记录。如果阅读的是短文、杂志一类的材料，也不要一篇一篇记，而是先读半小时左右，再回头一次性摘抄刚才标记的内容。

　　这样做的好处有三点。第一点，保证了连贯阅读，保持了文章的整体性。如果读一句记录一句，很容易就将文章碎片化。第二点，保证了沉浸式阅读，思路一直跟着文章在走，不会因为被打断之后需要再次进入。第三点，在读完一个大篇章，回头寻找标记的时候，又将这一部分快速地回顾了一遍，印象会更加深刻。而且通读过上下文，也会对标记的句子在全文中的作用多了一些理解。

2. 做读书笔记只是为了交作业吗?

读书笔记能起到非常重要的作用。举个例子，数学考试前，大家会背公式口诀，回顾一下知识点；英语考试前，可以看看单词，听听录音找感觉。那么语文考试怎么复习呢?一方面是记书中的生词、古诗文等；另一方面可以翻阅之前的读书笔记，看看那些自己喜欢的句子、很有启发的小故事，这都是在为写作文找素材。

我们前面说过，读过的书总是会忘的，但总有一些你舍不得忘记的内容留在你的读书笔记里。经常翻看之前的记录，其实也是一种很好的回顾和复习，能够加深记忆，久而久之有一些句子或段落熟稔于心，可以大概地背出来，这也就成为你的语言风格、语言体系里的内容，而且是非常重要、非常精华的一部分。

读书笔记如果只为了完成作业，做完就放着，那就太可惜了。常看、常新、常记忆，让你的读书笔记真正发挥作用吧!

上网课，孩子偷懒走神怎么办

      无论是学校的网课还是培训机构的网课，都存在交互性不如实体课堂好的问题。很多家长发现自己孩子上网课的时候，更容易偷懒走神。

      对于这个问题，首先要解决的不是孩子的问题，而是家长的问题！

      2020 年的疫情让全国的中小学生开始在家上网课。很多家长就发现了孩子注意力不集中的问题。其实家长们先扪心自问一下，难道我们小学上课的时候，没有走神、说话、闲聊、睡觉的时候吗？肯定都是有的。在学校上课的时候，也不是所有孩子都时刻保持 100% 的注意力，只是这些家长看不到。现在孩子天天在眼前，就觉得着急心累。家长不要先焦虑起来，更不要直接武断地认定自己的孩子不好好学习、有多动症等。这样只会激化矛盾，不能解决问题。

说完家长的问题，我们再来说说怎么让孩子更好地上网课。

上网课最大的问题是交互性不够好，有距离感，等等。其实不管是"交互性"，还是"距离感"，都指向一个共同的问题：学习的氛围。

在学校，上课铃一响，大家马上不能再玩耍打闹。老师走上讲台，这都是非常明确的"学习"的信号，有非常良好的学习氛围。但在家里，是没有这种学习氛围的，所以孩子难以进入状态。

这种情况在生活中极其常见。大学生上自习的时候，会选择去图书馆或者安静的咖啡馆，因为在宿舍容易分心；上班的时候，在单位办公比居家办公效率更高。

问题的关键在于创造一个良好的"学习氛围"，让孩子能更好地进入学习状态。如果孩子在上网课，家长在旁边聊天、打电话、做家务，或者电视还在播着节目，那孩子不仅会被这些事情分散注意力，还很难进入学习状态。孩子上网课最好有独立、固定、安静的区域。家长可以在旁边陪伴，但要尽量减少交流或者干涉。如果让孩子养成"家长认真看着才能好好学习"的习惯，那今后家长的压力会更大，同时孩子的主动性会更差。

另外，可以适当地在家里营造一下上网课的"仪式感"，例如在上课前按照学校的标准整理桌面。这样的小细节都会给孩子一个"要上课了"的明确信号，让他从舒适放松的状态进入学习状态。

孩子做题经常马虎，应该怎么解决

家长和老师在辅导孩子学习的过程中，千万要避免出现所谓"正确的废话"，比如"你要细心点""你得动脑筋"等。这些说法最大的问题就是原则上正确，但并没有分析出孩子根本性的问题，也就没有实际可以操作的方法和解决的效力。孩子表面上可能未必顶撞，但内心深处会觉得无用，等有了自主意识之后就会出现逆反等情况。

实际上，很多时候我们以为的"粗心马虎"，背后一定还有更深层的原因，比如 1 + 1 等于几，孩子在什么情况下答都不会出错，因为已经足够熟练。所以，我们在知道孩子答错的时候，不要简单地用"马虎"来进行描述，要对症下药，才能解决问题。

症状 1：抄错数、看漏条件等问题

孩子出现这样的问题，通常有两个原因。

第一个原因是专注力不够，即所谓的"溜号走神"。当然，一个人注意力高度集中的时间是有限的，而孩子需要做的事是在做题的时间段内集中自己的注意力。如果孩子在这方面出现了问题，可以借助"舒尔特方格"等工具进行有效改善。

所有提高专注力的工具的原理都是训练孩子把注意力聚焦在关键信息上而忽略无关干扰，所以哪怕不借助任何工具，也可以进行训练，比如随机念出一组数字，让孩子倒背出来，数组随着训练的进程逐渐加长。

第二个原因是书写习惯的不规范，比如有些孩子写的数字"9"经常看起来像是"7"；有的孩子写多个算式的时候绕圈写，然后写着写着就自己找不到了；等等。孩子在学习时，书写的规范严谨对于培养孩子的思维条理性、严密性都有很重要的作用，比如脱式计算的基本格式等。家长在这方面一定要重点关注，而不是只关心结果正确与否。

症状 2：出现低级的计算错误

出现这样的情况，一般也有两个原因。

第一个原因是孩子的数感问题。比如孩子在做乘法计算

时，明显出现了个位错误或者数量级错误（如：37×79，个位一定为 7×9 的个位数字，即 3，且整体大小应该小于 $40 \times 80 = 3200$，估算结果在 3000 左右，但孩子的结果为三位数或者五位数），或者应用题问一个老人的岁数，孩子的答案明显不符合常识。这些都需要通过数感训练来解决，具体的方法我会在后面展开说明。

第二个原因是孩子缺乏一些速算与检验的相关技巧。比如一个整数乘以 9 或者 9 的倍数，那么结果的各个数字之和一定能够凑出若干个 9，如 $182 \times 27 = 4914$，得数除了数字 9 本身，剩下的 $4 + 1 + 4$ 也等于 9。再比如，任何一个数乘以 8 或者 8 的倍数，结果的后三位一定是 8 的倍数，如 $1547 \times 24 = 37128$，得数的最后三位 128 是 8 的 16 倍。这些技巧可以帮助孩子快速判断得数是否正确。孩子假如并不了解，那么哪怕有检验的时间和意识，很多孩子也是把错误的方法和答案重复了一遍，而发现不了其中的问题。

症状 3：其他看起来像是马虎的问题

举个例子，2020 年浙江某地四年级期末考试出现了这样一道题："在进行 12 乘以某一个数的乘法计算时，如果不小心将 12 当成了 2，而少算了 10，那么要保证乘积不变，另一个数应该如何变化？"

这道题的正确结果为"乘以6",但考试时错误率非常高，而错误的答案都是"加10"。当我问孩子们为什么会出现这样的问题时，大多数孩子的理由都是"马虎了"。但深究背后的原因有两个：第一个如前所述，孩子缺乏相应的检验技巧，其实只要随便代入一个数字验证一下就可以发现，"加10"并不能保证乘积不变；第二个，孩子对于乘法中"两个乘数分别扩大和缩小相同的倍数，乘积不变"这样的性质及背后的原理并没有清晰和深入的理解，只简单地记成了一个增大、一个减少，且这类问题在平时的学习中老师并没有明确地指出，这才是考试出错的根源所在。

第 3 章

心态：正确对待孩子学习这件事

"学习"二字，"学"指的是老师把知识讲清楚说明白，而"习"指的就是孩子的落实与掌握。所以，无论是选择线上还是线下方式，都应该选择激发孩子自主学习意愿的老师或机构。

随着网络和智能手机的大面积普及，孩子能够获取信息的渠道和内容已经百倍于从前。这在便捷提供全面信息的同时，也给家长带来了更大的管理难度。

写作文总觉得没有例子怎么办

好几个家长跟我提到，自己的孩子平时也看书，有一定的阅读量，但一到写作文的时候，总是抓耳挠腮，不知从何下笔。家长也不知道该怎么办。

这是一种非常常见的情况，孩子的阅读量没有能够转化为作文素材，看了很多书，依然写不好小作文。还有的孩子则是就知道几个例子。有个当老师的朋友某次打趣说，一旦碰上"挫折""勇敢"之类的题目，十篇有八篇都是写司马迁的。

这些孩子，面临的是同一种问题，就是没有学会把自己读到的内容轻松地运用到自己的写作里，所以一提起写作总觉得没什么好说的。这种问题并不只出现在小学，中考作文和高考作文中写司马迁的也大有人在。

这个问题的关键不是出在写作上，而是出在阅读上。孩子在平时读书的时候，可能只看懂了故事的梗概，没有太在意故事的细节，所以在写作时才会毫无思路。所以，要在阅读的时候，就养成积累素材的习惯。

有个亲戚家的小孩也有同样的问题。我跟他说："其实素材很好找，下次你每读一个故事或者一本书，都花五分钟想一下，这段文字、这本书，哪些地方能用到作文里面去？能用到什么样的题目里面去？就算平时看的课外书不多，但上课、考试，总要做阅读理解吧？那些选的都是短小精悍的案例，很适合作为作文素材。平时阅读的时候，每次都多花一点时间想想怎么把这一段话用到作文上。时间长了，慢慢就会有思路了。"

我当场拿他的语文考试卷看了一下。阅读理解讲的是一个妈妈给孩子缝衣服的故事。孩子想了想说："写母爱可以用这个故事。"

我说："你再想想，还有什么题目？"

他又想了想说："写感恩能用，写一件难忘的小事也能用。可是这次考试考的不是这个内容啊，也不知道什么时候考这个题目，到时候我就不记得这篇文章了。"

我说："你看，刚才一篇文章，我们就有三个题目能用。你看十篇文章、二十篇文章，就有更多的题目、更多的素材能用。不考这个，也可能考另一个。这次不考，下次可能会考。这就是积累。识字的时候也是一个字一个字地去认识，凡事都有一个积累的过程。而且这样很简单，每次就多花两分钟时间想一想就够了。"

孩子将信将疑，但孩子的妈妈相信了，后来看儿子的作业和考试中的阅读理解，总会多问一句："这个故事写什么作文的时候能用？"有时候阅读的素材，娘儿俩绞尽脑汁，觉得实在是没有什么题目能用，就瞎编一通，最后两个人哈哈大笑。

在孩子的妈妈也怀疑我的方法之前，积累起到了效果。有一个阅读理解的内容是讲地震的，大概内容是解释为什么会发生地震，以及大多数地震学家都不相信地震可以提前好几天预测出来。他们聊到这篇文章的时候，小朋友说："地震学家真可怜，预测不出来还得研究。"妈妈说："因为地震很可怕呀。"

之后有个作文题目是"让我感动的一件事"，很多小朋友写了身边的故事，比如妈妈照顾生病的自己、老师带病上课等。但这个孩子用了地震素材，他写的内容是地震学家们明明知道预测地震很难，现有的手段无法预测出来，但他们还是拼命地努力研究，因为地震非常可怕，他们的研究成果可能会拯救千千万万的人。他为他们这种迎难而上的精神感动。这篇作文拿到了全班唯一的满分，也是这个孩子第一次拿到作文满分。

孩子的妈妈打来电话感谢我，但我觉得，其实是她一直坚持跟孩子交流，让孩子养成了阅读后回看、思考的好习惯，才能够有这样的效果。这次作文拿到满分让孩子信心大增，现在更爱读书了，也渐渐知道怎样从书里找到合适的例子，不再需要每一篇文章都拉着妈妈编怎么使用了。

我很为他骄傲。

给孩子选择合适的课外语文读物

英文读物根据读物的词汇量、阅读难度等进行分级，可以让孩子找到适合的阅读材料。但在中文读物中没有这一项分类体系。孩子的阅读水平和阅读兴趣各不相同，让家长在帮孩子选择课外读物的时候出现了选择困难的情况。现在的童书数量非常庞大，远远超出了家长们小时候见过的。这些书良莠不齐，但家长不可能一本一本地去筛选甄别。我在这里简单地介绍几个误区，以及一些简单有效的选择课外读物的方法。

1. 慎重选择"世界名著"。

大多数家长会选择给小朋友买世界名著，尤其是成套的那种。他们觉得世界名著在内容和质量上经过了时间的检验，一定开卷有益。

但是，最大的问题是，孩子几乎不会翻开世界名著好好看。

很多世界名著的内容，都是需要有一定的生活阅历才能够看懂的。例如，现在有很多文章是"当年我怎么没看懂《西游记》"之类的，盘点家长们小时候看过的书，发现当时只能看懂神仙们打架的热闹部分，其实根本没怎么看懂书真正"名著"在哪里。

世界名著很多是翻译过来的，本身在语言结构和用词习惯上就不是汉语的，所以看起来也会比较吃力，对学习汉语修辞和句子的帮助也不大。别说是孩子，很多工作很多年的成年人都不一定有耐心读下来。

购买世界名著，一方面是有心理安慰，觉得肯定是高质量的图书；另一方面就是家长图省事，不用选择就可以买回来一大批书，却忘记了自己小时候的那一套世界名著到现在都还没有翻开。课外读物还是要适合孩子的年龄、阅历和阅读能力，一味地追求名著，反而会让自己和孩子都忘记了阅读的初衷。

2. 审慎对待畅销童书。

童书品类繁杂，需要家长慢慢挑选。很多家长都倾向于选择"高销量""高评分"的书籍。但是销量和评分，很大一部分是从家长的角度判断出来的，并不都是孩子们的选择和判断。尤其是现在的童书市场，存在一些作家进校园推销，以及与学校联合推销的情况，炒作名气和销量。很多书买回来之后，孩子看个开头就看不下去了。除了浪费时间和金钱，更重要的是如果孩子因此对阅读失去了兴趣，觉得看书没劲，没有真正体会到阅读的乐趣，会非常得不偿失。所以，即便是高评分、高销量的书，家长还是要有一定的思考和选择，可以跟进孩子的阅读体验，及时调整方向，不要一味地迷信市场推荐。

3. 选择有质量的出版社或图书公司。

选图书的第一步，先看一下出版社或图书公司，通常它们已经对童书进行过质量上的筛选，并且结合了较好的策划，整体的质量都比较有保障。

家长也不必大费工夫去调研整个图书市场，除了知名度较高的出版社或图书公司外，也可以关注一下孩子比较喜欢的书都是什么公司的，记下来，方便按图索骥。

4. 给孩子充分的自主权。

在图书选择上，应该给予孩子一定的自主权，有空的时候多带孩子去书城转转。书城一般会按照年龄对图书有一个基本的分类，可以让孩子在对应的书区翻看挑选，这样他会更有阅读的兴趣和动力。书城本身就是很有阅读气氛的地方，也容易引导孩子形成爱阅读、想阅读的好习惯。同时，通过孩子的自主选择，家长也更容易了解他感兴趣的方向和阅读的能力，在今后更有方向、有意识地进行引导。

5. 不要一下买太多。

不管是否对家庭经济造成负担，都不要一下子购买太多的图书。

很多家长喜欢成套地买书，一套书能达到十本以上，或者买厚厚的"大部头"的书，感觉买回来可以看很久，就减轻了家长选择的压力和负担。但小朋友们的兴趣转变是很快的，看完一整套书可能需要大半年甚至一年的时间。在这个过程中，小朋友的阅读能力会有很大的提升，已经不再适合原来的阅读难度和词汇水平的书了，还有可能阅读兴趣转向其他方面了。除非是连贯性的图书，如上、中、下三部的，否则不建议一次购买太多同类图书。一本书在家里放了很久都没有翻开，慢慢就已经失去了新鲜感和好奇心，再去阅读的概率非常低。

6. 扩大阅读覆盖面，多种类型图书相结合。

除了阅读量，孩子的阅读覆盖面也很重要。阅读覆盖面包括体裁和内容两个方面。

在体裁上，家长要留心注意孩子的图书类型，如绘本、童话、小说、诗歌、散文等组合搭配，相辅相成。让孩子对句子、短篇故事、长篇故事等都有兴趣，而不是一看到长篇故事就头疼，或者只喜欢看绘本、漫画，没有耐心阅读成篇的文章，这样都不利于语文综合素养的提升。

在内容上，有些孩子会偏爱某一方向的图书，如科普类、小说类等。家长注意不要让孩子仅仅阅读一个类型的图书，适当引导他关注其他不同的题材。

有阅读的好奇心是好事，家长不要因为孩子喜欢看漫画、看小说，或者看科普百科之类的图书，就教训"看这玩意有什么用，考试又不考"。语文是一种能力，也是一种素养，阅读是其中非常重要的环节。建议家长通过沟通和引导，激发孩子自身的兴趣，而不是强制让孩子看什么、不看什么，将阅读变成任务。

是否应该要求孩子练字

　　在学龄前和小学阶段，练字通常是语文辅导练习的重要内容，强调对拼音和汉字的正确书写。有的家长也会从学龄前阶段起为孩子安排练字的学习内容，希望孩子能够在小学阶段练成一手好字。还有部分家长抱着"精益求精"的态度，会为学龄前和小学阶段的孩子报硬笔书法课程，或者购买硬笔书法练习书籍。尽管如此，很多孩子的练字效果却并不尽如人意，不仅字形不美观、不工整，而且时常出现倒笔、错字、连笔等问题。随着课业负担的加重，家长慢慢接受孩子字写得不好的事实，并放弃干预措施。

　　想避免出现上述情形，我们首先需要明确，孩子是否需要专门练字，以及孩子练字的目标究竟是什么。汉字的书写，在某种程度上是"实用语文"和"应试语文"的重叠领域，它不仅是"应试语文"各阶段考试的重要构成部分，也是所有科目的基础，并将伴随人一生的工作和生活。

所以，孩子在学龄前和小学阶段练字是必要的，一味依赖孩子天赋或者轻视汉字的书写，显然不可取。但进一步的问题是，练字的目标究竟为何？

众多语文老师，尤其是一些中高考阅卷老师反馈：无论是按照"实用语文"的需求，还是"应试语文"的考查重点，**孩子练字的首要目标就是写对，其次是写得工整、可辨识程度高**。如果真有进一步的要求，那也是在满足前两点的基础上，尽量加快书写速度。至于字迹达到优美或者写出某种书法笔体特色，并不是那样重要。

想实现这样的目标，有以下三个具体的方法。

首先，要帮助孩子建立正确的握笔姿势，以确保孩子在进行长时间书写时，能最大限度地减轻手部肌肉负荷，从而确保书写速度。在学龄前和小学低年级阶段，需要孩子进行长时间汉字书写的场合并不多，因此家长和孩子往往也不会觉察不正确握笔姿势带来的手部肌肉僵硬，进而导致书写速度下降和字迹走形。等到小学高年级乃至初中发现这一问题时，握笔姿势通常已完全定型，很难再做矫正。

到了高中至大学阶段，各类考试和课堂笔记对长时间书写的要求更高，不良握笔姿势带来的负面影响更明显。所以，家长有必要从学龄前和小学低年级阶段就重视握笔的姿势。

其次，在遵守笔画顺序的基础上，正确使用字帖，避免孩子将过多的时间花在描红上，引导孩子对范例进行临摹。目前一些家长在孩子日常练字时，让孩子用描红法誊写硬笔书法字帖。可通常会发现，描红写出的字迹与字帖相差无几，但是一旦自行书写，字形却时常走样。

出现这一问题的原因是，描红法的底层思维是强调形成汉字书写的肌肉记忆，即通过高频率的、长期的重复练习，使得孩子形成肌肉记忆，固化特定的字迹笔体。这种方法在古代私塾教育时尚有用武之地，但对现在的学龄前和小学低年级孩子来说，难以达到预期的效果。

相比之下，我更建议采取临摹法。家长引导孩子观察汉字作为方块字的字形结构，掌握其基本布局规律后，以白纸临摹字帖笔迹，同时在初期引导孩子发现字迹书写中的结构、布局问题，亦让孩子在多次临摹过程中感受到进步，进而建立信心和对汉字书写的笔感，最终达到工整、清晰可辨识的要求。

最后，家长也应注意辅导方法，避免以"丑""鬼画符"等方式批评孩子最初的字迹，而是结合孩子练字的进度，选择内容更丰富的字帖或模板，增强孩子临摹的兴趣，并陪伴孩子一起进行书写练习，从而提高练字效率。

如何引导孩子学习古诗词

近年来，国学逐渐受到了人们的重视，而《中国诗词大会》等节目的热播，也带来了诗词学习的热潮。很多家长对孩子诗词学习的期望，不再局限于课本。但是，如果孩子单纯通过背诵、看书、看名家视频等方法来学习古诗词，似乎效果并不理想。

我还是要强调，大多数时候，**家庭中的引导意义要远远大于教学意义**。通过耐心的引导和沟通，让孩子找到学习的兴趣，找到适合自己的学习方法，远远比给他直接讲授知识更重要。而且很多时候，孩子的记忆速度和学习能力是远远超过家长的，所以完全可以通过启发引导他们的自学能力，达到更好的学习效果。

"熟读唐诗三百首，不会作诗也会吟。"该句出自清代孙洙编辑的《唐诗三百首》的序言。因为古诗词和其他的语言形式一样，可以通过大量的信息输入建立"语感"。大量的积累和长期的熏陶是学习古诗词的最好方法。

首先是输入方面，也就是通过背诵来积累一定的诗词基础。孩子对诗词的开蒙一般都是从背"谁知盘中餐，粒粒皆辛苦""白日依山尽，黄河入海流"开始的。这里有两个原因：一是这些诗词都是在直抒胸臆，用白描的手法进行景物描写，内容浅显易懂，不需要一定知识背景就能看懂，所以小朋友很快就能理解其中的意义；二是这些场景在生活中是经常出现的，吃饭的时候会想到"粒粒皆辛苦"，春天楼下的小草发芽就是非常形象的"春风吹又生"的景象。"夕阳无限好，只是近黄昏"，孩子最开始理解的是"夕阳无限好"的景象，后来长大了才慢慢理解"只是近黄昏"的情绪。

学完启蒙诗词后，接着学景色类、简单说理类的诗词。越贴近生活的诗词越好。现在的《唐诗三百首》有很多版本，已经将诗词类型进行了简单的分组，这样能更方便地让孩子找到自己感兴趣的领域，而不是毫无目的地翻看。比如，出门旅行看到了很好的景色，就可以翻一翻景色描写篇。等孩子有了一定的积累，能凭感觉大概看懂一首诗在说什么内容，就有兴趣也有能力自己去读更多的诗词了。

其次就是**增加诗词的使用场景和复现频率，打通诗词"会背"和"会用"的渠道**。很多小朋友都有一个相同的问题，那就是背完诗词以后，除了在家长的朋友面前背诵一下，并没有更好的展示和使用的场合，这样也会导致读了很多诗词，但在写作文的时候并不懂得如何运用，不能将所学转化为所用。如果家长有一定的诗词积累，在这一点上可以做出更好的引导，即便家长对诗词不了解，也可以起到陪伴和引导的作用。例如，今天的景色，有没有类似的诗词？今天的某一个道理，是否有类似的诗词？

还有一个更加简单的方法，能兼顾诗词的积累与使用场景，那就是**对已经在使用场景中出现的句子进行回溯，找到原诗并且理解、记忆、背诵**。使用这个方法的前提是要引起孩子对诗词的兴趣，看到一首诗，会有好奇心去找一找全文，并且好好地理解诗词的意思。现在诗词出现的频率逐渐增多，比如新闻、电视、展览、小说等里。但不感兴趣的孩子和家长都会选择忽略或者跳过这一部分。

很多家长都看过金庸的武侠小说，他的文字中会引用大量的古诗词。《侠客行》本身就是基于一首诗词写出来的；

《射雕英雄传》中的黄药师是个诗酒风流的人物，围绕黄蓉和黄药师的叙述出现了大量的诗词，就连周伯通都有两句"鸳鸯织就欲双飞，可怜未老头先白"。但很多时候，我们都选择忽略了这些部分的内容。这是非常现成的使用场景，而且只需要多花一点心思和时间，就很容易理解和记忆。家长要做的就是适当引导，比如在日常生活中看到一些名句，就陪同孩子一起去找找原诗的出处，聊聊内容，慢慢地孩子就会克服"见到诗词就习惯性忽略"的毛病，有一定的兴趣和动力自己去深入了解。

如何让孩子爱上数学

很多孩子在面对数学时表现出明显的畏难情绪，甚至还出现了厌学的情况。数学老师张庆男反复和我强调，小学生学好数学的关键是要让孩子对数学产生兴趣。一个人对任何一门学科或者活动的兴趣，来源于以下三个层面。

1. 觉得这个事情"有趣"。

有趣可以分为两种情况：一是活动本身是有趣的，比如手机或者电脑游戏，所有游戏的开发者都会把游戏的界面和规则做得尽量有趣；二是一群人共同参与一项活动，那么参与者可以从同伴身上收获乐趣，比如我们在上学期间经常做的一些乐此不疲但是外人看起来却莫名其妙的事情。

对于培养孩子的数学兴趣，这两者可以兼备。一方面，数学里面有很多的趣味游戏，比如数独、七巧板、汉诺塔、九连环，以及高端的乐高玩具等。另一方面，家长也可以从生活中随机取材，比如走在街上看到一辆车的车牌号，就可以通过 4 个数字来进行"24 点"（几个数字通过加减乘除的运算，最后得出 24）。但家长在这个过程中要跟孩子共同参与挑战，而不是作为一个旁观者来评价和批判孩子的表现，那样很容易使孩子失去兴趣。

2. 觉得这个事情"有用"。

我听人说过一段话，大意是为什么他上学时清华男生弹琴唱歌的水平比北大男生的高，而北大男生弹琴唱歌的水平又比北外、中戏等学校的男生高，主要是由各个大学的男女生比例决定的。学习数学的道理也是如此。**孩子刚刚开始接触数学的时候，要让他觉得数学是用来解决生活中问题的工具，而非一门单纯应对考试的学科。**

举例而言，在家长陪孩子打篮球的时候，谁先得到 21 分谁就获胜。在比赛的过程中，"得多少分了""还差多少分""距离获胜还需要进几个球？如果是三分球呢"等问题，不再是一个恼人的加减乘除的数学问题，而是为了获胜必须思考的问题。

再举个例子，为了训练我孩子的数学估算能力，我带他去超市完成购物任务——挑战不用计算器，购买价值100元的生活必需品。挑战的奖励是 20 元的零花钱，但如果最后购物的总金额不足 100 元，就从 20 元中减去差额，比如花了 96 元，离目标差了 4 元，那么他能获得的零花钱就是 20 - 4 = 16 元；但是如果超出了 100 元，那么就从 20 元中减去超出部分的两倍，比如花了 105 元，那么他能获得的零花钱就是 20 - 5×2 = 10 元。在这个过程中，孩子的估算能力和记忆力都能得到有效的锻炼。

3. 觉得这个事情能收获自信心和成就感。

任何一项活动或者一门学科，如果想达到比较高的水平，一定都需要进行大量单调的、枯燥的训练。如何在这个训练中坚持下来，一定不是简单的"有趣""好玩"，而是在自己的水平日益精进的过程中战胜自我的成就感。这份成就感转变为真正的兴趣和热爱。

知识的学习带来的能力提升与成绩进步可能有滞后性，未必肉眼可见。在这个过程中，家长需要随时关注孩子当下的行为改变，并进行即时的正向激励。**很多时候，父母的认可与鼓励，是孩子最大的动力来源。**

孩子几年级需要报数学课外培训班

　　这个问题恐怕没有标准答案。有的孩子在高考或者数学竞赛中取得优异成绩，可一天的数学课外培训班都没有上过，也有的孩子从小就依靠课外的学习。孩子的基础情况不同、需求不同、条件不同，最后的选择也可能完全不同。

　　但对大多数孩子而言，参加数学课外培训班通常是在小学中年级和初中二年级。因为这是整个义务教育阶段中数学学习最重要的两个转折点和成绩分化时期。

　　小学低年级，数学的知识性内容相对较少，更多的是让孩子对学科中的一些重要概念有一个初步认识，同时通过数学游戏和动手实践等活动，提高孩子的学习兴趣和对于抽象数字与图形的形象感知能力。这个阶段的孩子，哪怕在能力与知识掌握情况上差别很大，最后在考试分数上也几乎没有区别，所以很多家长和孩子并没有额外学习的诉求。

进入中年级之后，校内学习的内容密度开始变大，同时考试中开始出现一些知识的延伸、变形和灵活运用，对于孩子的数学能力提出了更高的要求。所以这个阶段会出现所谓的"中年级现象"，即很多孩子课上貌似听懂了，但课后的作业和考试中的很多题目不会做；或者孩子在很用功学习的情况下，成绩并没有明显的提高。另外，有一些学生的基础和能力较强，发现校内的常规学习已经满足不了自己的需求，想更进一步地拓展知识面。这些时候都会需要大量的课外学习。

初二阶段也是同理。对于很多同学而言，初一的数学知识，都是小学内容的进一步延伸，如果孩子过往打下的基础较好，那么这个阶段通常不会有大的困难。从初二开始，学习的内容会拓展到函数、全等、几何证明等，对于孩子的分析能力提出了更高的要求。

至于是选择线上或者线下进行学习，同样取决于孩子本身的需求和具体的情况，不可一概而论。一般而言，如果孩子的需求是培优或者补弱，都需要老师对于孩子的知识情况有非常具体的把握和了解，在有条件的情况下我推荐线下的小班课程进行学习；而如果孩子在校内的成绩还不错，单纯是想有一些课外的拓展和延伸，那么线上与线下的学习各有利弊，家长和孩子可以根据自己的情况进行灵活选择。无论选择哪种学习形式，有以下三点需要提醒家长和孩子注意。

1. 要关注孩子对于学习内容的落实情况。

"学习"二字，"学"指的是老师把知识讲清楚说明白，而"习"指的就是孩子的落实与掌握。所以，无论是选择线上还是线下方式，都应该选择激发孩子自主学习意愿，下课之后给孩子安排针对性的练习任务，平时能够帮助孩子进行辅导和答疑，并且对孩子的掌握情况进行监控的老师或机构。

2. 要关注老师对于知识背后的原理与思维的启发。

举个例子，在做几何题的过程中，只要看到参考答案画出的辅助线，剩下的方法和步骤就知道了。但是，当考试出现类似题目的时候，依然是束手无策，因为想不到为什么要画这条辅助线。在学习数学的过程中，不应该仅仅简单地了解一些解题的方法，更应该学习的是"为什么这个方法是正确的""我应该根据什么条件，如何能够想到这个方法""这个方法还可以用以解决其他何种类型的问题"等背后的思考逻辑。孩子如果要真正具备数学思维，就一定要培养分析问题的能力。

3. 现在无论是线上还是线下，体验课繁多，普遍价格优惠。

这些课程家长和孩子尽可试听，但是绝大多数的体验课程为了体现短期效果，通常会节选整个知识体系中的若干片段对孩子进行讲解，因此孩子学习的是一些零散的技巧碎片，没法形成完整的知识体系。所以，孩子在认定了某一个老师或者某一个机构之后，要进行一个相对长周期的学习，才能真正拓宽知识面，而非仅仅掌握了一些适用面并不广的"解题大招"。

让孩子多刷题有没有用，应该刷什么题

适当刷题当然是有用的。我们要清楚学习的逻辑：先听，再懂，然后记忆，最后运用。无论具体分成多少步，都要经过这四个大环节。上课听课记笔记是为了把知识弄明白，写作业是为了把学到的东西记住，那么适当刷题就属于最后一个环节。

学习不是机械性的重复记忆，我们需要认识不同问题的共同点和不同点，总结共同点，提炼解题方法，根据不同点灵活调整步骤，不然就会出现考试的时候原本学过的知识改个条件就不会做的现象。

但是，刷题需要理智和科学。首先得根据自己的成绩选择刷什么难度的题。如果成绩在85分以下，建议先刷专题型的练习册，因为这个分数的孩子或多或少存在点问题，必须先进行针对性训练，巧算不行刷巧算，应用题不行刷应用题，先把单元测验分数刷上90分再提高难度。

如果成绩能达到85～95分，表明孩子的基础知识部分掌握得不错，但之所以拿不到满分，说明还有部分细节有问题。这时候孩子除了要按照正常的学习进度进行同步做题，还需要针对自己平时做错的题目进行深入分析，专项练习。

至于成绩在95分以上的同学，就有潜力提高一下上限了，适当刷一些奥数类的练习册，训练逻辑和思维能力。

需要强调的是，刷题千万不要以量为主，提炼方法才是高效刷题，刷10道顶别人刷100道。那么具体怎么做呢？

首先定好每天做多少题，成绩一般的每天而且长期坚持；成绩不错的跟随学校的学习进度，每天做一两页，快考试的时候多做点。其次是做题方法。一道题读完了，用自己的话复述这道题讲的是什么，有什么关键词能帮助你想到考点，这个考点要用什么方法或公式解决。做不出来就多想一会儿，最后做没做出来不重要，看看自己的思路和答案接近不接近，根据答题过程寻找自己没想到的点。

所以同类问题刷十几道，回忆一下自己怎么复述每一道题的，提取其中的相似点。另外再看看后面的难题和前面的简单题相比多了哪些步骤，由此得到的能力就叫作举一反三。

家长英语不好，如何辅导孩子

有些家长其实有一定的英语基础，但觉得自己"发音不标准""语法学得不好"等，没有足够的自信，不敢辅导孩子，害怕教错了。有的家长则是对英语非常陌生，完全无从下手。

这里有一个误区。家长对孩子学习英语最大的作用，不是用专业知识去教他，而是在孩子学习过程中的陪伴，以及为孩子创造良好的学习环境。

如果家长有一定的英语基础，但有的地方比较薄弱，可以诚恳地告诉孩子："爸爸/妈妈的发音也不标准，但我们可以一起学习，如果爸爸/妈妈念的不对，你可以纠正我。"这样一方面有了共同学习进步的乐趣；另一方面也给了孩子很大的自信心，告诉孩子，即使英语发音不标准也可以大胆地说，慢慢改正就好。家长的自卑和退缩会传染给孩子，家长的勇气和坦诚的态度同样也会给孩子树立良好的榜样。

完全不懂英语的家长也可以做很多，如用心查找资料，选择适合孩子的英语书籍和绘本，或者和孩子一起听英文歌曲，鼓励他跟着学唱，哪怕只是在孩子读英语课文的时候认真倾听，真诚鼓励，都是给孩子的良好反馈。

再次强调，并不是只有家长英语水平高，才可以给孩子更好的教育。这个想法是完全错误的。上小学的孩子，已经有自己的想法了，并不需要家长手把着手地教。陪伴、耐心、鼓励，都比家长的英文水平更加重要。遇到技术问题，如语法、时态等，可以记下来找老师解决。想要学习标准的发音，有无数的参考书、学习工具可供选择。但学习环境、学习热情、自信心等非常重要的因素，是不需要家长有英文水平就可以为孩子带来的。

英语"超前学习"的利与弊

"超前学习"的概念是从近几年开始兴起的。大部分家长上小学时都是按部就班地跟着学校的教学计划走,校外的课程最多是"补课"而非"超前"。但现在的英语教育,已经出现了跟以往完全不同的"倒挂"现象,培训机构的学习进度远远超过了学校的进度,家长对孩子的期望也越来越高。

在义务教育阶段,学校的英语教学是面向全体学生的,从2019年起,北京市的小学一、二年级将不再开设英语课程,从三年级开始"零起点"开设英语课。但与此同时,由于家庭对英语教育的重视程度和投入程度不同,有些孩子可能在牙牙学语的时候就已经开始接受双语教学，有些在 5 岁左右就开始在校外的英语培训班学习英语，有些孩子则是跟着教学进度从 9 岁开始学习。这就意味着，同一个班的小朋友的英语水平差距可能会非常大。

这个差距并非只存在于英语学习的初级阶段。按照一些培训机构的进度，孩子在六年级就会学完《新概念英语》的第二册，达到高中英语水平的要求，甚至已经足够应付高考和大学四、六级考试。按照《义务教育课程标准》的英语分级目标，这个水平已经远远超过了义务教育阶段初中毕业的标准（五级）。而在《义务教育课程标准》中，六年级学生应达到的英语分级目标设定为二级。

"超前学习"并非有百利而无一害。对于那些从 3～5 岁就开始接触英语的孩子来说，学校的英语课程无疑是枯燥无趣的，讲授的都是他们已经掌握的内容，非常容易让他们放弃英语课程的听讲，久而久之就很难将注意力放回课堂。而大量的"超前学习"也让"不掉队""起跑线"的要求越来越高，给孩子和家长都造成很大的学习压力，甚至经济压力。

对于那些比较晚接触英语的孩子来说，与身边同学的差距很难在短时间之内弥补，非常容易让孩子的自尊心和自信心遭受重大的打击，甚至产生焦虑、厌学的情绪。

无论是哪一种情况，都需要家长对孩子进行适当的心态调整。

为什么孩子不愿意开口说英语

很多家长跟我讨论过这个问题，孩子该学的也学了，但日常从来不会主动说英语，或者即便有了说英语的机会，比如朗诵、表演等，也不太愿意开口说英语。这是为什么呢？

这种情况非常常见，导致情况发生的原因是综合性的。我一个一个来分析，并且聊一聊对应的解决办法。

1. 怯场、害羞，不敢在公开场合表达。

很多家长或许还没有意识到，孩子不愿意开口说英语的原因可能跟英语本身无关，而是他不敢在人多的公共场合表达或者表现自己，换句话说，就是我们常提的"怯场"。

怯场的问题，其实有非常简单有效的办法可以解决。

第一步，带孩子去人少空旷的地方练习大声说话，比如公园、山顶等。在没有观众的情况下，让孩子先习惯在公开场合放开嗓门，只要一两次的练习，孩子就能很快地突破心理门槛，有效缓解"怯场"的情绪。

第二步，当孩子在家庭或者无人场合已经可以顺利表达的时候，帮他把这个过程录下来，并且跟他一起回看、复盘，让他说说哪里不满意，哪里表现得好。孩子通过回看录像，知道自己在别人眼中的样子，如果发现自己表现得还不错，能够有效地提升他们的自信心；如果有表现得不满意的地方，及时纠正即可，这样孩子做到心中有数，能提升自信心和成就感。

第三步，开始的几次公开表演，要提前跟孩子说明情况。哪怕只是课堂上每个小朋友轮流上台，或者是家族聚餐上的表演、文艺晚会上的角色预演等，都要和孩子事先沟通，说明今天是什么样的情况，他要公开表演，爸爸妈妈相信他。一开始不要在孩子没有任何心理准备的情况下让他在公开场合开口。

以上这三步，每步只要尝试 1 ~ 3 次，就能让孩子快速地越过心理障碍，建立自信心，熟悉公开场合的讲话感觉。如果家长能陪同一起进行第一步和第二步，对孩子会是更好的鼓励。

2. 自卑，觉得自己英语不好、发音不标准。

这个问题别说是孩子有，很多家长也有，甚至很多大学生、研究生，哪怕是英语成绩还不错的孩子都有。我给大家讲一个学生解决这个问题的案例，非常具有参考价值。

我有一个研究生，申请到了国外交换生的机会。出国前，他很担心自己的语言问题。他英语成绩本来就是刚刚够线，口语用他自己的话说，也比较完蛋。据他说，他初中、高中的英语老师，发音都非常不标准，带有浓重的地方口音。一离开当地，别人听他说最简单的英语句子都非常费劲。刚上大学的时候，大家都以为他学的是别的小语种。通过多年的努力后，他的发音标准了一点，但要进步的空间还非常巨大。这样的孩子，听说读写都一般，现在要去一个英语国家学习，不可能不心慌。我们一直鼓励他，有了语言环境，进步会很快、很大，不要先想得这么可怕。

一年后，我再见到他的时候，发现他已经可以比较自如地运用英语进行交谈了，虽然发音还有一些问题，但并不影响他的表达。

他跟我说，最开始去的时候很艰难，有时候借助翻译软件，但日常生活中不可能每一句话都用翻译软件，所以必须自己开口说。但非常奇怪的是，国外几乎没有人嘲笑他的口音，而是努力理解他说的话。他发现，当英语主要用在交流场景中的时候，你的语法什么的都不重要，不会说的词也可以找近似的替代，反正说不清楚就多聊一会儿，到最后肯定是能听懂的。

他说："有一次，我想不起来二月二日怎么说，我就说the two month of year，the two day（这句话的语法是完全错误的）。他们听懂了。而且他们通常会跟你确认一下说：You mean February second？（你是说二月二日吗？）我一下子就知道这个句子该怎么说了，下次就会了。"

我说："你以前一开口就挺自卑的，现在看起来自信了很多。"

他说："老师你不知道，我室友是印度的，发音比我还糟糕。我已经算不错的了。而且我也不怕什么语法错误了，英语好的，错了他也都能听得懂；英语不好的，错了他也都听不出来……"

这个学生的经历，我给很多朋友、研究生、家长都讲过。我自己在国外的时候，也经常遇到类似的情况，也有一样的感受。我的英语发音和语法肯定也有很多问题，词汇量也不是很大，但这些都没有成为日常交流的问题。

学习语言的最终目的是应用，所以关键不是发音多么标准，语法多么严谨，而是以应用为目的，达到沟通的效果即可。如果口音、单词、语法等，并不是非常影响沟通和交流，那么这些并不是主要的门槛。就像汉语有很多种方言一样，英语也有很多种方言，而且发音不标准的大有人在。很多在国外多年的中国人依旧有方言口音，一张口就是一口流利而亲切的中式英文，但这完全不影响他们进行顺畅的沟通。

这一点其实跟中文一样。我们做书面表达的时候，会注重语法、句法、逻辑、结构，但在口语表达的时候会比较随意。如果把我们口语表达的话逐字记录下来，很多时候语法也是不正确的。所以我们理想化的、语法正确、发音标准的英语，对应到汉语的要求就是"字正腔圆，出口成章"，这是非常高的要求了，是电视台主持人的面试口语了。

所以，这个问题并不是只有孩子会面临，家长有时候也会。要敢于尝试、勇于开口，尝试几次之后你就会发现，你句子里的语法错误，并不影响与人沟通。

当孩子出现类似的问题时，最好的办法就是家长也跟着一起说英语。别管自己水平怎么样，哪怕零基础跟着模仿发音也可以，目的就是给孩子树立榜样。不要怕别人的嘲笑，一方面，这个恐惧很多时候都是想象出来的；另一方面，英语的最终目的是应用，并不是表演。家长也不要以"我英语不好怕教错""我发音不对怕影响孩子""我一点英语都不会"之类的理由拒绝以身作则，就算真的不好，也可以当案例里的"印度同学"，帮忙树立自信嘛。就算真的一点不会，好歹知道"I love you""Happy new year"。家长和孩子一起，大胆地开口说英语吧！

3. 没有反馈，没有互动。

孩子在学校的课堂上，会更愿意开口说英语，因为课堂上有气氛、有反馈、有互动。老师问一个问题，大家用英语作答，或者孩子们一起用英语朗诵、对话等。英语在此时是孩子们交流互动的工具。但在家庭中，家长想让孩子说英语时，有些孩子就不愿意开口了。这主要是因为没有互动、没有反馈，孩子自说自话，缺乏动力和兴趣。

这个问题的解决方法，各个家庭可能都不一样。有的孩子喜欢让家长发朋友圈，看到别人的夸奖和点赞会兴致更高；有的孩子则喜欢和同龄人互动；有的孩子喜欢自己当老师，给爷爷奶奶上一节英语课，把刚学会的内容有模有样地讲一遍。这些方法的中心，还是增加孩子学习英语的互动性和趣味性。如果单纯地规定：现在去读英语！现在去练习会话！孩子很容易觉得枯燥乏味。大一点的孩子还容易产生逆反心理。

学英语如何平衡家庭教育、学校教育、校外培训

学校有英语课，又报了校外英语培训班，是不是家长就不用管了？

很多家长都有这样的想法，但这个想法是不正确的。家长的参与一定是必不可少的。我并不是要求家长给孩子授课，而是家长要适当引导和鼓励孩子，让孩子能够持续对英语学习保持兴趣和热情。英语学习是一个长期的过程，家长的参与一定是必不可少的！

1. 各有优劣，考虑清楚后选择适合的。

线下培训班的优势是互动性和针对性更好，而且有学习伙伴，孩子会更有积极性，更有学习的氛围。但线下培训班

的教学水平需要家长提前做好考察。老师是否有相应资质？培训班是否有足够的办学经验？孩子是否适合这种教学风格？不要一下子购买大量课程，要给自己和孩子适应和思考的时间。

与线下的培训课程相比，网课的优势是价格更加低廉，因为没有场地的成本，双方也都省去了交通的麻烦。但网课在互动性和专注程度上不如线下的培训班好，孩子自己对着电脑，容易贪玩走神，或者拖拖拉拉。现在很多网课也会增加学习打卡、课后互动等内容，激发孩子的好胜心和学习热情。

如果希望孩子上网课的效果好，家长需要有一定的参与，并且注重培养孩子的自律能力。

2. 量力而行，综合考虑时间、精力和金钱成本。

现在课外培训班的宣传铺天盖地，很容易给家长和孩子造成一种感觉，觉得想要学好英语，报班是必经之路，其实并非如此。现在的家长小时候都没有上培训班，但很多人的英语也非常好，这和自身的努力与坚持分不开，所以报班并不是不可或缺的。如果报课外培训班对家庭来说，经济压力较大，家长完全可以给孩子精心挑选英文图书、绘本，以及网络上一些优质的免费素材等。多花心思、多下功夫，才是学好英语的关键。

有的家长选择线上、线下培训班都报，不仅给家长增加了时间和金钱上的负担，还给孩子造成了很大的压力，并不能达到 1 + 1 = 2 的效果。

总之，家长需要平衡价格、时间、精力，选择比较适合的方案。在培训机构的选择上，家长会更偏向于口碑，看看身边的人都选了什么，孩子学习的时候也能有个伴。另外，现在大部分的培训课都有试听，可以多尝试一些试听的课程，多多对比。初期费点心，后期少麻烦！

3. 保持频率和时间。

最好的学习方式是采用"短时高频"的节奏，即每次学习时间不要过长、压力不宜过大，但能够保持高频的接触，让孩子一直保持思维的活跃。尤其是以提升听说能力为主的英语课程，没有课时安排的时候，也要尽量在家进行朗读之类的任务。如果上完一次课就放下不管了，隔了一两周，再去上一次课，效果就会受影响，因为间隔太久就会生疏遗忘，不利于孩子培养良好的语感和学习习惯。

第 4 章

沟通：和孩子也要好好说话

孩子的行为逻辑和大人的不同，所以别将成年人的思维先入为主地套用在孩子身上，这样做往往会造成巨大的误解。

作为家长，我们毫无疑问地知道让孩子学习的重要性，所以我们会给孩子报培训班学英语、数学，以及体育运动。孩子回家后，我们还要亲自盯着孩子一笔一画地写作业。我们知道孩子的学习很辛苦，所以会给孩子准备美味的食物、昂贵的玩具和看动画片的时间作为辛苦学习之后的奖励。我们还得每周末抽出宝贵的休息时间和孩子一起度过亲子时光。

每位家长都竭尽全力，注意力全部放在孩子身上，像一位在高速赛道上驾驶车辆的汽车驾驶员，发动机轰鸣，油门踩到底，加油冲呀，我的小宝贝！

但是，家长们，请先稍微踩下刹车，从"少儿军备竞赛"的激烈氛围和焦虑情绪中脱离出来，暂时把孩子的表现放在一边，思考下面这几个问题。

1. 当你在工作中被老板无端责难时，你心里在想什么？

2. 你爱人说你做的菜咸了，你会不会觉得失落，并暗自打算再也不给他/她做饭了？

3. 当你知道你妈妈花大价钱买的保健品是专门诈骗老人的产品，你会对你妈妈感到生气吗？

4. 单位年终总结会，领导正在发表长篇大论，你大概坚持多久后开始走神？

5. 当你犯了错误被公开批评时，你会更加诚恳地认错还是会觉得格外屈辱？

6. 当你和老板讲述自己对某件事的意见，他说你居然敢顶嘴时，你是什么心情？

当你思考完上述所有问题后，请反思一下，你的孩子在听你说话的时候，会不会也遇到过类似的问题，会不会也和你当时的感受一模一样。

再换位思考一下，你在说话的时候，是否有考虑过你孩子的感受？你每次跟你的孩子想要严肃沟通某些事情的时候，你的孩子是否能开心地接受，还是会露出不耐烦、反抗、嫌弃、委屈的表情？你是否在沟通过程中比你的孩子更加容易陷入狂躁情绪？甚至，你说出来的话真的是你想要表达的意思吗？

那么，现在请你思考一下，你是一个会说话的家长吗？

北京师范大学2018年发布的一份《全国家庭教育状况调查报告》中，对11万名四年级学生和7万名八年级学生进行了问卷调查，其中有一组统计数据结论惊人，有超20%的家庭是完全没有亲子沟通的，而接近100%的家庭沟通都会遇到以下问题。

1. 家长几乎不或从不花时间跟我谈心。

2. 家长几乎不或从不询问我在学校或班级发生的事情。

3. 家长几乎不或从不和我讨论我身边发生的事情。

4. 家长几乎不或从不和我一起讨论电视节目或电影。

作为家长，我们到底在沟通中犯了什么错误呢？我们不是已经超认真、超真心、超诚恳地在和孩子说话了吗？我们难道不关心他们的成长吗？我们难道不是几乎每天都在跟孩子谈心吗？我们几乎用尽了浑身解数，不就是希望孩子能跟我们坦诚沟通吗？

在本章中，我将告诉各位苦恼的家长，你的沟通并不是真正的沟通，你试图拉近亲子关系的沟通行为，往往会将孩子推得更远。

我也将解答各位家长关于沟通的困惑：我本身就

不是很会说话，那我跟孩子的沟通怎么办？我选择安静不干涉是不是最好的选择？

　　我还将介绍几招简单有效的办法，让家长能更有效地控制自己的情绪，让亲子沟通不会演变为怒火的宣泄。你也会理解，为什么每次沟通前，你明明已经反复告诫自己要心平气和，而孩子却总能"恰到好处"地点燃你最深的怒火。

　　这一章的内容看起来会非常庞大而复杂，但核心思想其实只有一句话。

　　在沟通这件事上，你和你的孩子并没有什么区别。

和孩子说话时家长经常犯的错误

在讲沟通的技巧之前，我先纠正几个亲子沟通中常见的错误观点。如果这些错误观点不得到纠正，再多的沟通技巧也只是舍本逐末而已，甚至会导致南辕北辙的结果。

第一个错误：孩子要乖乖听话。

在孩子的不同年龄段，我们会对孩子有不同的认知。在他们小时候，我们认为他们的一切都是天使般美好的，他们的一切要求都必须第一时间被满足。在他们大一些之后，他们仍然可爱，但同时也是傻乎乎的，所以需要我们随时伸手去纠正、指导，避免他们靠近危险。当他们再大一些，开始有了自己的思想和行为能力时，我们开始担心他们走上歪路而大声提醒他们，告诉他们我们知道的人生智慧。最后当他们再大一些时，我们开始担心他们的一切，包括穿着的衣服、爱看的漫画、喜欢的明星、来往的异性。这一切我们都太熟悉了，太了解其中的危害了，简直就是几十年前在我们自己身上发生的事情的重演，所以我们开始说教，花费越来越多的时间灌输正确的价值观给他们。

这个故事的大多数结局都是，某一天，我们开始哭泣并反复追问身边的人："我到底做错了什么，我只是希望他乖乖地听话就可以了啊！"

父母都喜欢乖孩子，而乖孩子往往意味着听话、懂事，每当父母提出某项建议或者劝诫时，孩子都在第一时间认同其价值。让孩子去学习就乖乖去学习，让孩子放下手机就立刻放下手机，这是我们梦寐以求的乖宝宝。但孩子是个独立的个体，随着孩子年岁的增长，他们开始有自己的想法和意见，而对孩子的反对意见，我们通常认为是幼稚而浅薄的。起初，这些有趣的小小的反对意见，让我们喜极而泣，因为孩子终于长大了，开始有自己的想法了，但渐渐地，我们开始觉得厌烦，用另一种态度思考这些反对意见，如"他就是想玩游戏""他就是不想睡觉""他就是懒"等，最后不得不得出一个悲哀的结论："这孩子不乖了。"

也许你在很多亲子教育课上，学到了要尊重孩子的想法、重视孩子的思想、听孩子把话说完等，甚至还会有人告诉你"乖孩子长大了没出息"，但这些建议又和你的生活经验相悖。如果完全按照孩子的想法去做，那岂不是要看着孩子"踩雷"和"掉坑"，但各种亲子教育大师们不会错，所以到底是哪里出了问题呢？家长们总会一次又一次陷入纠结与痛苦中。

我先站在各位家长这边说句话："你们是对的！你们的经验大多数是正确的，尤其很多经验都是你们年轻的时候亲身体验过的。孩子的想法确实是幼稚而浅薄的，我们不必怀疑这一点。"看到这里，家长是不是长舒一口气，暗地里感到超开心，终于遇到一本不光是批评家长这儿做得不对、那儿做得不对的亲子书籍了。嗯，这样想也不错，记住现在的这种感觉，这对你理解本章剩下的内容很重要。

主要的问题出在沟通上，沟通并不是单方面把意思表达到位就行了。任何人都不喜欢单纯接受信息，那你的孩子怎么会喜欢呢？即使是贴在墙上的通知，也会留一个上诉的电话，并表示"如果你对通知的内容有异议，请及时致电"云云。虽然我们都知道这大多数情况下没什么用，但留下一个接受反馈的通道是一个非常棒的沟通技巧。

孩子的"乖巧"从来不是天生的，而是后天养成的，而且养成的速度比我们想象的快得多。如果孩子在与父母的几次沟通中发现，他的意见根本不被重视，他说的越多错的越多，他说的话也不会改变什么，他乖乖闭嘴就能让这次不愉快的谈话尽快结束，你猜猜会发生什么？孩子会变得看似乖巧，但内心开始学会抵抗与厌恶。

沟通永远都必须是双向的。在任何情况下，都让孩子有表达自己意见的机会，让孩子在沟通中有参与感和主动权。

我们想象一个场景，妈妈和孩子谈话，结尾时：

1.妈妈：妈妈的话讲完了，你听懂了吗？听懂了重复一遍。

2.妈妈：妈妈的话讲完了，意思你明白了吗？明白了要点头。

3.妈妈：妈妈的话讲完了，现在轮到宝宝表演啦。

4.爸爸：妈妈的话讲完了，现在轮到宝宝表演啦。

在上述四种场景里，前两种是典型的"拒绝沟通"，父母只是将自己的观点强行灌输给孩子而已，而后两种则给孩子营造了一个互动的机会，让孩子意识到自己在沟通中是有角色的，是一个能表达自己观点的个体，而不是一个单纯的听众。尤其是在第四种情景下，引入一个第三方——爸爸，担任沟通的中转站和矛盾的缓冲带，减少孩子对沟通的反感。

这是一个巧妙的小技巧，会让孩子感觉好很多。

在任何沟通情况下，都要记得给孩子留一个"上诉电话"，让他可以在沟通中表达自己的意见。家长们要学会尊重和聆听孩子的每一次反馈，这样孩子下一次就更有勇气开口了。在一次又一次的开口沟通下，你才能真正掌握孩子的想法。

第二个错误：我又不是老师。

这个错误的常见程度丝毫不亚于第一个错误。我认识很多知识水平、家庭素质都非常高的家长，在这个问题上都显出了相当程度的退缩。

"我又不是老师，我又不懂怎么教孩子。"一般说这话的时候，家长的表情都是无奈而委屈的，也带着点义愤填膺。

读到这里，家长们是不是觉得自己要被批评了？比如"父母是孩子最好的老师""家庭是孩子最重要的学校""三分靠学校，七分靠父母"之类的。不不不，我相当理解和同情各位家长的感受，这个世界上没有谁是天生的最佳父母。老师还可以拿一代又一代的学生练手，从实习教师到正式教师再到班主任，像打怪升级一样过关斩将，终于成为一代名师。而家长们没有这个机会，我们的小宝贝生命中的每一段经历都是独一无二、空前绝后的，也是让家长们手忙脚乱的。这才是正常的，不然市面上那么多亲子教育的书籍怎么会卖得那么好呢?

这里,我想让家长们换一个角度来看待这个问题。

当你的孩子升上小学二三年级之后,你会发现孩子的班主任说话总是特别好使,班主任瞪一眼,孩子大气都不敢出,而家长说同样的话,明明更温柔、更体贴,孩子却立马炸毛。

这看似完全不可理解的情况,说穿了其实很好理解,因为对孩子来说,一个阶段只有一个绝对的权威,要么是家长,要么是班主任,而我们通过把孩子送去学校交给班主任,并让孩子的生活重心从家庭关系网转移到学校社交圈,不可避免地会让孩子对学校社交圈的权威代表——班主任产生更多尊重与敬畏。

说到这儿,家长自己又如何呢?也许你们在企业里、在社会上都是成功人士,但当你看到你孩子的小学班主任的时候,你是否也会格外小心翼翼,甚至有点刻意迎奉。我认识不止一位大学教授,在见到自己孩子的小学班主任的时候,大气不敢出,被人指着鼻子责备:"你还大学教授呢?到底懂不懂怎么教孩子?"而这些大学教授只能赔笑:"还得请您多照顾。"

从这个角度来讲,我们的孩子比我们勇敢多了,当他们带着对父母的崇敬进入校园的时候,他们是这个家庭里唯一为父母的权威斗争过的，而父母们却不战而降，将权威让渡给了班主任。在我们的孩子从学校回到家之后，我们如果重复与班主任相似的教诲，无疑是让孩子们再咀嚼一遍班主任的牙慧，这会让我们的孩子觉得果然还是班主任说得对，而如果父母与班主任的观点不同，则会让孩子陷入"两块手表"困境，即"当你有一块手表的时候，你能知道现在几点，而当你有两块手表的时候，你反而无法知道现在几点"，而父母还在这个过程中不断强化班主任的权威性，让孩子彻底倒向班主任那边。当一个权威被树立起来，旧权威一定被打倒时，如果旧权威仍然用权威的方式去沟通，一定会收获反抗与不屑，这就是我们在生活中经常遇到的"老师一说，乖乖听话；家长一说，立马爹毛"的原因。

那么我们究竟应该怎么办呢？

给父母换个角色，卸下负担！

父母不一定必须是权威的代言人，我们并不一定需要以绝对正确、绝对权威的化身出现在孩子的世界里。而这一固化的观点恰恰是大多数家长的心魔："我们怎么能犯错呢？我们怎么能在我们孩子的面前犯错呢？那以后我们说话谁还听？孩子会不会不尊重我的意见？"

如果你也这么想的话，那你比你孩子的胆子小多了。在沟通这件事情上，只要开口说话就永远有犯错的可能，但最大的错误是为了避免犯错而不说话。

很多话，你不说，孩子永远不会懂，而你说错了，没关系，孩子自我修复、自我导正的能力比你想象中的强得多。只要家长开口，沟通的桥梁就持续存在，只要桥梁还在，沟通中的错误就会自我修复。所以不要担心犯错，大胆开口跟你的孩子说话，你说的每句话不需要绝对正确，不需要微言大义，不需要传递价值，不需要立竿见影，你只需要传递出一个信息：嘿，小家伙，我们是一边的，爸爸妈妈也有许多超酷的想法，一点也不比你的差，我们一起聊聊那些坏家伙和有趣的事吧。

所以，和你的孩子一样勇敢，卸下自己说话不能犯错、不专业、比不上老师的想法，你本来就不是最优秀的老师，你只是这个世界上最酷、最有趣、最好玩的父母而已。

第三个错误：好话难听，忠言逆耳。

中国有句古话，叫"良药苦口利于病，忠言逆耳利于行"，这句话成为很多家长和学校老师的"尚方宝剑"。每当有难听的话要对孩子说的时候，先把这把"尚方宝剑"祭出来，然后就可以毫无顾忌地开口了，无数对孩子造成巨大伤害的话语就是跟在这句话之后喷薄而出的。

在这句话的掩盖下，许多父母给自己不会说话找到了最好的理由，那就是：虽然我说话的方式不对，但我的出发点是好的。

这个错误相比前两者更加隐蔽，因而性质更加恶劣。如果正确的话，用不正确的方式说，那还不如不说。不幸的是，我们经常看到很多家长，不以为耻，反以为荣，甚至刻意营造这种高压下的沟通方式，将明明可以轻松惬意的沟通故意放置在负面情绪下去表达，认为这样会让孩子重视起来。

错误的表达方式会改变一切表达内容的价值。

中国还有另一句古话："良言一句三冬暖，恶语伤人六月寒。"这里的良言并不是正确的话，而是让人感到温暖舒服的话。所谓的恶语也不代表错误的观点，而是伤人的话。我们知道，最伤人的话不是完全错误荒谬的。完全错误荒谬的话，我们只会一笑而过，而得理不饶人的话，才会伤人最深。作为成年人，我相信我们都对此有彻骨的体会。

各位家长一定要把和孩子的沟通从这种社会人的语言体系里抽离出来，好话更要好好说，好药更要包着糖衣喂。

孩子的内心敏感，他们对你说话的内容还无法完全迅速理解，但对你说话时传递的情绪却往往能加量、过度吸收。

如果你从孩子的话语中敏锐地发现了孩子犯的错误，

千万不要立刻跳起来指出这个错误，这会立刻伤害到孩子的表达欲。也许有父母觉得，难道我要放着孩子的错误不管吗？当然要管，但得用更加聪明的方式去管。

我们来看一个例子，假如你的孩子为了看奥特曼打怪兽的动画片，而丢下自己的家庭作业不管，被你发现了，你会怎么做呢？

A：夺下电视的遥控器／手机，并严肃地告诉他，以后再这样就没有动画片看了。

B：陪着孩子看完这集动画片，然后拿出作业，让孩子继续做作业。

C：问孩子奥特曼打赢小怪兽没有，让孩子给你讲述动画片的情节，然后拿出作业问他，你的小怪兽打赢了没。

在 A 情景下，孩子会产生抵触情绪，甚至会导致他学会撒谎和欺骗；在 B 情景下，孩子在自身需求得到满足的情况下，对继续做作业的抵触情绪会大幅降低，而且会让孩子产生遵守规矩的意识；在 C 情景下，巧妙利用孩子的兴趣点，将两件原本风马牛不相及的事情关联在一起，让孩子产生自我纠错意识，并且让孩子认为是自己主动做出的改变，而不是被迫的。

孩子接受信息的时候，更多是通过感受与情绪，而不是背后的内容。父母的自我情绪控制能力将直接影响孩子的情商发育。如果父母总是在为鸡毛蒜皮的事发脾气，总是用难听的话讲述大道理，对孩子来说，最好的办法就是用同样极端的情绪去对抗。

所以，表达的形式要比表达的内容更加值得我们关注，跟孩子沟通的时候，忠言更要顺耳，良言更要动听。

你有没有跟你的孩子说过这些话

　　我们要进入一个老生常谈的话题——哪些话是父母不能跟孩子说的。我在下面列举了一些，这些话绝大多数家长都有意或无意地说过。

　　1.为了你，爸爸妈妈做了什么什么，爸爸妈妈有多努力你知道吗？不舍得吃，不舍得穿，就为了你能够……

　　2.为什么你永远都不懂爸爸妈妈有多爱你？

　　3.爸爸妈妈这么辛苦，就是为了你能……

　　4.爸爸妈妈这么做都是为了你好。

　　5.你为什么总是不听话？

　　6.你看看别人家那谁……

7.你爱爸爸还是妈妈？

8.你是爸爸妈妈捡回来的。

9.你要再不听话就让警察叔叔把你抓走。

……

这只是很少的一部分例子，具体的句式可能不完全一致，但我们现在通读一遍也会觉得不寒而栗，似乎我们小时候也曾活在这些话的折磨之下。

那么，是不是只要避免说这些话，就可以做到跟孩子无碍交流，也不用担心说错话伤害到孩子了呢？当然不是，我们内心深处都知道不是。但我们仍然需要掌握这些话为什么错了，只有知道这些话错在哪儿，才能从根源上避免说出会伤害孩子的话，至于句式本身，那是最为细枝末节的东西，无须在意。

我们先从一个简单的问题开始。很多孩子小时候都经历过这种情景，家里的亲戚会故意吓唬孩子，比如跟孩子说"你父母不要你啦！""再不听话就把你卖了"之类的，然后孩子被吓得哇哇大哭，大人们哈哈大笑，觉得这孩子被一句话就吓哭了，真可爱。

现在我们知道这些貌似无心的话可能会对孩子造成很深的伤害，只不过被问这些问题的孩子当时年纪都还小，随着年龄的增长就遗忘了。我们要感谢人类拥有这世上最棒的自我防卫机制——遗忘。否则在我们幼儿时期留下的心理阴影恐怕会让大多数人一生都难以忘怀。但下面这些问题，则经常在青少年期出现。这些问题对孩子性格造成的影响更大，我们要更加重视。

首先，不要问开放式问题。比如"今天在家干什么了？""你明天想去做什么？"一般得到的答案是"没干什么""啥也不想做"。而这种回答毫无疑问会在瞬间点燃家长的怒火，但家长要明白，这是你的问题，而不是孩子的问题。对于难以抓住重点的，而又不得不回答的问题，作为本能，我们都会选择保守型、防御型的回答，这是自我防卫的一种机制。开放式问题往往带有考较、考验的意味，是需要回答者精神高度集中、费心费时后才能给出答案的，如果没有足够的气氛烘托、话题引导，这种问题只会制造疏离感。

其次，不要问无意义的问题。比如"今天过得开心吗？""今天在家乖不乖？"这就像你去买菜的时候问老板："老板，你这菜新鲜吗？"你猜卖菜的人会怎么回答你？再试想一下，你被人问："最近咋样啊？""忙不忙啊？"这种没意义的问题，一定会得到一个没意义的答案。这些不叫问题，是成年人的寒暄与客套，千万不要引入孩子的世界里。

最后，不要问攻击性问题。比如"你为什么总是犯错？""你是不是自己也有错？""为什么他们不欺负别人就欺负你？""你觉得爸爸妈妈做得不对吗？"我相信没有人被这么问的时候会觉得舒服，包括家长在内。既然我们都觉得这样被问很冒犯，那么为什么我们经常拿这些问题去问我们最爱的人呢？攻击性问题往往只能激化矛盾，解决不了问题，所以如果有一天，你希望跟一个你讨厌的家伙大吵一架，试着去问一个攻击性的问题。

如果你在阅读完上述内容后，开始觉得沮丧和抱怨："嘿，哥们儿，这个也不行，那个也不行，我根本就没法问问题了呀！"坦白讲，如果你真的这么想，那就是最大的问题，说明你需要好好理解，跟孩子的沟通中，为什么我们要问问题。

我们问问题的目的是希望得到答案吗？是，也不是。

我们问问题的目的是希望了解孩子的想法，从他们那小小的脑袋里把他们那稀奇古怪的思维和他们每天在学校的冒险经历用他们最愉快的方式倒出来。我们的目的是开启一段对话，而问问题的方式是最常见的开启对话的方式。比如我们早上到了公司，和同事寒暄，会说："吃了吗？"想要询问某件事，会先说："有空吗？忙不忙？"想要找人求助，比如借钱，会说："最近忙啥呢？咋样啊？"这些话都是我们开启话匣子的工具。跟孩子的交流也是一样，我们问问题是为了抛出橄榄枝，让孩子和我们迅速进入舒适的沟通场景，而非进入审讯室。

也许有家长会说："太好了，幸好我从不问问题，都是直接表达我的观点，这样总没错吧。"那我们要注意的就是下面的几种情况了。

1. 切忌浮躁和先入为主。

在很多沟通场景下，比如演讲、辩论，我都会强调一个观点——"结论先行"，在亲子沟通的场景下，切记不要如此。关于这一点，我看到过一个我很喜欢的故事，在这里分享给大家。

美国知名主持人林克莱特在一次节目中采访一个小男孩，问他："你长大后想当什么呀？"

小朋友回答："我想开飞机。"

林克莱特问："如果有一天，你驾驶飞机飞到太平洋上空，燃料没有了，你会怎么办？"

小朋友说："我会先告诉所有乘客系好安全带，然后我挂上降落伞跳出去。"

现场的观众哈哈大笑，只有林克莱特继续注视着男孩，发现孩子的话似乎并没有说完，但在现场的笑声中他找不到开口的时机。

于是林克莱特问他："为什么要这么做？"

孩子说："我要去拿燃料，我还要回来！"

现场霎时沉默了。

这个故事超棒。孩子的行为逻辑和大人的不同，所以别用成年人的思维先入为主地套用在孩子身上，这样做往往会造成巨大的误解。这个世界上还有比话没说完导致被人误会，且再无辩解机会更让人憋屈的吗？如果你也讨厌这种感觉，切记不要让你的孩子陷入这样的窘境，不要认为自己得出了结论就打断对方。

听孩子把话说完，也许就会听到意想不到的话。

2. 切忌否定与贬低。

我们有时候会觉得别人家的孩子很好，但没有想过可能是因为别人家的家长做得更棒，可能在别人家的眼里你的孩子更好。

我们没有经历别人的生活，就不要用不完全的结论否定和贬低自己的家人。你的孩子同样优秀，只是你对他了解得更全面，不但了解他的优点，更知道他的缺点，而这应该是让你感到自豪的事情，因为只有你知道他的缺点，他也只让你知道，你是他最信任的人。

3. 切忌撒谎和欺骗。

孩子比你想象的聪明得多，很多时候他们都能识破你的谎言，只是不想说或者觉得说了也没用罢了。我们不是魔术师，做不到永远不露馅。我们和孩子生活在一个屋檐下，如果我们说谎，迟早会被拆穿，到时我们在孩子心目中的可信任度大幅下降，沟通成本就会成倍地增加。

你会和孩子平等沟通吗

作为受过良好教育的家长都喜欢在家庭里营造平等沟通的环境，这是一个伟大的进步，首先恭喜你已经领先绝大多数家庭一大步了。但我接下来要问的是：你真的能和你的孩子平等沟通吗？并不是两个人同样坐在桌子两边，你没有拿着藤条，没有黑着脸，就叫平等沟通。

当你开始一段自以为的"平等对话"或亲子间"交心"的时候，在你的孩子看来，你是准备开始一段居高临下的训诫。

试想一下，在企业里，你正隐隐约约对你的职业生涯感到担心，恰在此时，你的领导或者人事部门同事突然打电话或发邮件通知你"希望和你公平而坦诚地沟通一下关于你的工作问题"，此时的你会认为这次谈话是平等而愉快的吗？

这个时候要引入上一节里提到的一个概念：沟通成本。关于沟通成本的定义，众说纷纭，我引用其中一种解释：沟通中为了实现某一语言目的而需要花费或调动的资源，资源包括时间、精力、金钱、尊严、地位等。为了更好地理解沟通成本，我们来假设下面的场景。

试想一下，当你的老板到你的办公室跟你谈话，过程中他突然想引用一个例子，于是跟你讲述了阿里巴巴与十八罗汉创业，十八罗汉后来成为亿万富翁的故事，希望能激励你工作。这个例子你已经在各种公众号、朋友圈里听了大概五十遍，你会怎么做？我想你大概率会装作第一次听的样子，对老板的口才大加赞赏，对故事里体现出来的创业精神热泪盈眶。你很聪明，这么做很正确。

某一次，当你到老板的办公室，想跟你老板汇报点什么。过程中，你突然想起你老板讲过的故事，于是你也想引用这个故事的后半截，希望老板能体悟到你对公司的忠诚与对未来的期待，然后你发现你老板面色一沉，你下意识住了口，然后老板声色俱厉地问你："你到底想说什么？你想干吗？"你战战兢兢，大脑一片空白，只想找个理由尽快逃之夭夭。

沟通成本的巨大差异存在于沟通关系里。通过上面的例子，我们可以直观地了解，在沟通中占据优势的人能用同样的沟通成本实现更大的沟通效果，或者用很小的沟通成本实现沟通目的。上述的例子只是一个极端的情况，但双方的沟通成本差异仍然不是我们生活中遇到的最大差异。那么最大的差异在哪儿呢？在你和你的孩子之间的沟通。

　　沟通从来都不是一件平等的事，也不需要平等。接受沟通的必然不平等，并在不平等的前提下开始沟通，是正确沟通的第一步。

　　你跟你孩子的沟通成本存在天然巨大的鸿沟，你的孩子跟你沟通的成本极其巨大，不要以为你坐在孩子的对面，跟孩子说"爸爸妈妈现在跟你平等地进行一次对话"，孩子就能真的跟你平等对话。

　　所以我们一定要记住我们跟孩子对话时，沟通地位不平等，沟通成本有巨大差异。拥有"随时翻脸权""居高临下权""秋后算账权""道德绑架权""黑脸吓唬权""皮带炒肉权"的你，在孩子眼里是坦诚沟通的巨大深渊，几乎不可跨越。

　　而这些权力，我们又不可能仅仅靠语言就消解掉，所以我们必须把自己的沟通地位降低，让自己在孩子心中能够是一个可以沟通的角色。

　　在一段沟通关系中拥有更加强势地位的人，应该主动放低身段。

你以为孩子走开了就听不见

有很多家长抱怨，他们跟孩子说话时从来都是和颜悦色的，但孩子脾气越来越差，和他们中的某人越来越像，这是不是因为遗传因素啊？

也许有基因的影响，但另一个影响可能性更大：父母之间经常在孩子不在的情况下吵架、发脾气、冷战。

很多父母为了孩子，扮演一对感情和睦的夫妻，在孩子面前倾情出演一场夫妻恩爱的好戏，将所有的怨气和矛盾都放在孩子不在场的场合下解决。但请相信，不要以为孩子走开了就听不见。

父母之间的沟通对孩子而言属于间接沟通，间接沟通对孩子的影响甚至要比直接沟通更大。所谓无心伤害，最为致命。言传身教的道理人人都懂，耳濡目染的影响却常常被忽略。

这些小机灵鬼能从你的表情、神态、眼神、压低声音的窃窃私语、厨房里摔打碗盆的动静、父母脸上尴尬而强挤出的笑容、别扭的坐姿里感受到足够的信息。他们在学会走路、说话之前，就先学会了感受气氛的变化、妈妈身上的气味、爸爸身上的温度、深夜的抽泣声、某一个过大的动作。

根据传播理论的知识，我们在与他人的沟通中，即使是最简单的"说话"这种形式，也只有不到 7% 是依靠语言来实现的，38% 依靠的是声调，另外 55% 依靠的是非语言的体态。至于"非说话"类的沟通，这一比例就更加悬殊了。

送给大家一句话，存在即表达，只要你存在于这个屋檐下，只要你存在于这段家庭关系里，只要你存在于你的孩子的世界里，你的一言一行、每分每秒都在对你的孩子大声诉说，告诉他你们是怎么样的人、你们是怎么教他成长的、你们生活在怎样的环境里。

为什么快乐的父母总能培养出快乐的孩子？为什么有家暴的家庭，孩子更容易使用暴力？很多以为是遗传的行为，其实是模仿。

除了父母之间的间接沟通，还有无声的沟通。如果家里找不到一本书，孩子怎么可能会爱读书？

亲子沟通中的目标管理

目标管理是管理学上非常常见的工具，现在要将其应用在亲子关系上。

在讲如何应用之前，我们先来看一下目标管理是什么。

目标管理是现代管理大师彼得·德鲁克提出的管理学理论，这一理论有点枯燥和绕口，我尽量提炼出它的几点核心原则。

1.人的行为积极性与人的需求密切联系，为了满足自我需求，人会产生主动性。

2.行动之前先确立整体目标，并进行目标分解。

3.衡量每一次目标的完成情况，并做出改进。

4. 每一阶段目标的完成都应该获得奖励。

这些内容似乎会让我们有所感触，可以用在和孩子沟通这件小事上。

一、先命中，再扣扳机

据说，最优秀的篮球运动员和最优秀的射击运动员，都有一种共同的本领，在完成投篮动作或扣下扳机的瞬间，就已经预见到了篮球准确砸入篮筐和子弹击中标靶的情景，在之后的零点几秒内，在他们眼前发生的一切，就像是脑海里的影像重放一遍。

我相信他们应该没有先知或者占卜之类的超能力，而这一现象又似乎难以得到科学的解释。我并非科学运动专家或者占卜大师，但对这一现象毫不陌生。

如果你对某一项工作进行了精心的准备，反复演练各种情景，最后在实际演出的时候，你就会产生一种既视感，觉得眼前的一切似乎经历过。这并非魔法，而是你个人努力与念念不忘带来的奇迹。

那么这一现象对我们做一个更会沟通的父母有何帮助

呢？试想一下，如果你在和你的孩子沟通中，能够预测你孩子的各种反应，能提前得知你孩子对你说的话有何种反馈，这将是多么美妙的一件事情！这会让亲子沟通成为一件多么有趣的体验。

实现这一切，我们所需要的就是目标管理给我们提供的思维：在沟通开始之前，先为自己的这次沟通设定明确的目的，并把目的拆分为具体实施路径，再对实施过程中可能会遇到的各种情形做预演和准备。

小孩的脾气像六月的天，说变就变，我们捧在手心的这个小宝贝似乎是一个混沌的黑洞。但稍有经验的父母就知道，孩子的需求远比大人的简单和纯粹，所以对孩子的反应进行提前预估是具备可行性的。

但我要说的重点不是这个，而是这条规则对父母行为的告诫：千万不要贸然开启一段无准备的沟通。

当你开启一段沟通的时候，一定要提前想清楚自己为什么要这么做。我是为了发泄今天白天工作的负能量吗？我是为了审问出孩子今天有没有犯错误吗？我是为了试探一下孩子，万一他有什么事情瞒着我呢？我什么也没想，只是现在闲着，想和我的小宝贝来一场亲子间的恳谈而已。如果你是为了上述这些目的，那还是请你免开尊口，找个安静的角落玩自己的手机就好了。

现在，假设你已经非常清楚为什么要开启一段沟通了，那么下一个问题就是你对沟通过程中出现的各种意外情况做好准备了吗？比如，当你询问你的孩子：小宝宝，今天学校发生什么有趣的事了没？孩子回答如下。

A. 没啥事，别烦我。

B. 我跟隔壁班的王小虎打了一架，把他头打破了。

C. 今天老师罚我站楼道了，因为我作业没做完。

D. 我妈呢？我饿了。

E. 我爸呢？我想玩游戏机。

F. （突然开始哭）

G. （低头玩手机，不说话）

你对上述这些稀奇古怪的情况都做好心理准备了吗？你能结合上述各种情况的出现，瞬间做出最恰当的应对吗？你能保证，在你听到上述某一种答案的情况下，不会失去理智，瞬间暴怒，遗忘自己为什么要开启这段谈话吗？

如果你对这些情况都已经烂熟于心，对每一种情况的应对措施都准备妥当，那么你有想过怎么收场吗？相比开启一场谈话，如何结束一场谈话也是一门学问。优秀的谈话应该是留有余韵的，让孩子对下一场对话充满期待。还记得我们在目标管理原则里提到的吗？把每次谈话当成一个小目标，每个小目标的完成都应该给孩子相应的奖励，比如一个抱抱、一个糖果、一个点赞的手势。

二、带着答案问问题

如果你打算问你的孩子一个问题，这个问题你一定要先想出答案。如果你问出的问题你都没有答案，那极容易得到一个偏离目标的答案，而你自己也很容易跟着跑偏。

更重要的是，当你对某件事情有提前的预判时，你的言行都会不自觉地导向这个结果。所谓念念不忘，必有回响，大概就是这个意思。

我用两个"经典"的亲子教育故事来证明这个观点吧。之所以给"经典"打引号，是因为这类故事实在很常见，你几乎可以在绝大多数的讲亲子沟通的书里找到类似的例子。

故事 A：

一位父亲拜托一位拳师训练自己的儿子，因为他认为自己的儿子不够有男子气概。

在经过几个月的训练后，拳师邀请这位父亲来观看儿子的比赛。

　　结果在比赛中，他的儿子被一击打倒在地，然后又勉强站起来，接着继续被打倒，再爬起来，再倒地……如此持续了整场比赛。

　　拳师问这个父亲："你觉得你孩子的表现有没有男子气概？"

　　父亲觉得伤心又失望："我完全看不到他有任何男子气概，只看到他不断被打倒。"

　　拳师说："你只看到了你儿子屡战屡败，却没有看到你儿子屡败屡战的勇气和毅力，那才是真正的男子汉气概！"

　　故事 B：

　　一位赛车手刚刚拿下一场比赛的银牌，开心地回到家向自己的母亲汇报："妈！有三十五辆车参加比赛，我拿了第二。"

　　他的妈妈只说了一句："你输了！"

　　赛车手愤愤不平："您不认为我第一次参赛就跑个第二是很好的事吗？特别是这么多辆车参加的比赛。"

　　母亲严厉地说："儿子，你不需要跑在任何人后面！"

　　于是在接下来的职业生涯里，他拿下了无数的冠军，只因他从未忘记他母亲的话："儿子，你不需要跑在任何人后面！"

你应该在很多讲亲子教育的书中看到过类似的故事吧，你会发现，明明是差不多的故事，为什么两个故事讲述的道理却完全相反，但看起来貌似都很有道理。

生活就是这样，首先告诉我们没有什么绝对正确的真理，有效的就是正确的；其次告诉我们，你的观点是什么你看到的世界就是什么，你的答案是什么你问的问题就是什么。

那么当你和孩子沟通的时候，你应该怎么做呢？先想答案，想自己要什么，再去想怎么问问题。

三、无论谁发脾气，你都输了

沟通双方的任意一方情绪失控，都证明这次沟通陷入了彻底的失败。如果父母先情绪失控，发起了脾气，那需要反省的无疑更多一些。

如果你把孩子的情绪点燃，他开始发脾气，表示他对你沟通的方式极度失望，会进一步抵触下一次的沟通。

我们来看一个著名的实验——"毛巾妈妈和铁丝妈妈"。

美国心理学家哈洛做过这样一个实验：将幼猴与它们的亲生母亲分开，再用铁丝和软毛巾制成两个模型扮演"猴妈妈"，分别命名为"铁丝妈妈"和"毛巾妈妈"。这两个"猴妈妈"大小相似，都能够实现给小猴子提供奶水的功能，但实验最终的结果却很惊人，幼猴对能够给予"温暖"这一属性的"毛巾妈妈"更加青睐，几乎不会有任何小猴子选择"铁丝妈妈"。

后来实验升级，只有"铁丝妈妈"可以提供奶水，"毛巾妈妈"什么也无法提供，结果仍然惊人，小猴子们每天会花1小时去"铁丝妈妈"那里吃奶，然后花18个小时依偎在"毛巾妈妈"怀里，而当小猴子受惊时，毫无例外都会立刻扑进"毛巾妈妈"的怀里寻求温暖。

这个实验证明了母爱或者其他家庭情感都需要一个"温暖"的外表来作为依托，所以我们在情感表达过程中，一定要提供温暖的"毛巾"，而不是尖锐的"铁丝"，这就是控制情绪的重要性。

四、比赛什么时候开始的

做好准备、盯紧目标、寻找答案、控制情绪，做好这一切，准备迎接生活里时时刻刻会发生的惊喜吧。我们已经学到了许多沟通技巧，但我们仍然紧张，总希望开始一段完美的沟通，无论是开场、过程，还是收尾。

我理解这种心情，但这很难做到。在前面的大部分篇幅里，我们都假定了一个前提，那就是父母是主动开启沟通的一方，但事情总会有意外，有时候你的孩子拽着他的小书包可怜巴巴或者充满好奇地站在你的面前，眼神里闪耀着渴望交流的光芒，这可怎么办？

你们有没有在学生时代做过这样的一个梦，梦里你刚睁开眼，却惊讶地发现自己已经坐在了考场上，时钟嘀嗒，考场肃静，你的内心却满是惶恐：考试开始了？！什么时候的事？我看不清考题是什么？我的笔呢？我还没复习完呢？千万别是数学考试啊！然后你看清了考题，确实是数学考试，在绝望与恐惧中你惊醒了，还好是一个梦！你擦擦汗，庆幸不已。但梦中的场景却未必不会在真实的生活中重现。

沟通无时无刻不在，考验总是突然开始。如果你总要寻找一个最佳时机才开始跟你的孩子沟通，那你几乎永远等不到合适的时机。很可怕的是，当你想要退缩，想要更换一个更棒的沟通时机时，却发现沟通已经开始了，此时撤退无异于是对沟通的毁灭性打击。生活总是这样，从不吹哨提醒你比赛开始，却会在赛场上严格执法。面对你孩子渴望与你沟通的无辜眼神，你只能鼓足勇气，祈祷自己之前的准备工作和了解的亲子沟通知识能发挥作用。

沟通是一门缺憾的艺术，所以不必等待沟通中的万全之策，最棒的策略就是你先有一个策略。无论多么混乱的情况，先给自己几秒钟时间，构思一下自己的目标和策略：这是一场突然袭击，所以我必须先做点什么，比如先为自己赢得一点思考时间。

你已经进入了目标管理的境界。当沟通不可避免地开始时，千万别把自己丢进一团乱麻里，先给自己设定一个临时的小目标，然后在小目标的基础上一步步思考和推进，一些话术在这里会发挥一些帮你赢得时间的作用，比如："宝贝，我们去阳台的毯子上坐着玩好吗？你去看看阳台上哪里有阳光？""宝贝，你猜妈妈今天给你准备了什么有趣的故事？""宝贝，叫上你的玩具熊伙伴一起来跟妈妈讲故事好不好？"

利用这一瞬间，飞速地复习一遍注意事项，尤其是那些不能说的话，然后制订几个应急措施，设计好几个准备答案的问题。现在你的武器库里已经不再空空如也，你不再惴惴不安，可以鼓足勇气踏上战场了。

当你和孩子说话时，你是谁

如果说前面的所有内容都是在训练你、武装你，那么本节的内容开始教你怎么打仗。

当你和你的孩子说话时，你是谁?

我是孩子的爸爸 / 妈妈呀! 如果不是因为这个身份，我们何必费劲巴拉地了解和掌握那么多关于亲子沟通的知识，我们凭什么要追着孩子的屁股后面嘘寒问暖喂饭喂水喂药哄睡洗澡，我们又怎么会整天为了孩子的学习成绩、身心安全之类的事情担惊受怕，我们大可以把这个重担丢给别人，让他们来受这份罪吧!

我能理解这份心情，但爸爸妈妈这个角色实在是不够酷，至少在孩子的眼中，这两个角色跟酷完全背道而驰。我不是否认父母的辛苦，但我们现在的目的是什么呢？是吸引孩子的注意力，用孩子最能接受的方式进入孩子的心灵世界，打开他们的小心扉，而单纯依靠父母这个身份会让孩子的小心扉瞬间加上一把防盗锁。

如果我们想得到最棒的沟通效果，可能需要换一个更加能吸引孩子注意力的角色。不是让你穿奇怪的服装或者念羞耻感爆棚的动画台词，而是首先要记住：无论你是谁，你最好不是你。

扮演父母是最累的，脱离父母的角色，就脱离了责任、担忧、拘谨，才能让你做最好的自己。

注意我的用词——扮演。从这个环节开始，你要试着把自己身上的角色都视作自己扮演的一部分，包括原生的身份——父母。

你不是天生就喜欢当父母的吧？你不是在任何人面前都是用父母的那一套在说话吧？既然如此，为什么不在你的孩子面前尝试着脱离父母这个角色呢？

很多优秀的父母会和孩子像最好的朋友一样相处，每当听到这个的时候我很羡慕这个家庭的孩子。很不幸的是，前几年的育儿经里太把这句话奉为圭臬了，于是有无数的父母跳出来说："我打算和我的孩子像朋友那样相处，不，实际上我们已经像朋友那么相处了，对不对，小宝贝？爸爸妈妈是不是你世界上最好的朋友？"

我相信这个世界上有些家庭是能做到这一点的，但为数不多。剩下的大多数是给自己加戏，让自己强行扮演"孩子的朋友"这个角色，在孩子无声的吐槽中自我满足而已。

从这些桎梏中解脱吧！你不用真的成为孩子的知心大姐姐或者最好的伙伴，你只需要在特定的沟通场景下进行扮演而已。你不需要获得孩子的认可，不需要完全抛弃父母的身份，一切都只是演出的一部分而已。

要做到这一点其实很容易，你不喜欢的东西你孩子基本上也不喜欢。你不喜欢被唠叨、不喜欢被说教、不喜欢被人批评，所以就不要在你扮演的角色里继续做这些事了。

最后一点别忘了，一切的策略和扮演都是为了目的服务的，当沟通目的实现时，请记得离场谢幕。下面介绍几种扮演方法。

一、你喜欢玩游戏吗（角色扮演法）

每个孩子都爱过家家，也都知道过家家是假的，但在扮演的时候却无比认真，这难道还不能给我们足够的提示吗？

这是所有扮演里最常用的技巧，没有孩子不喜欢玩游戏，在孩子的游戏世界里扮演一个角色听起来就很吸引人，那就让我们来玩游戏吧。

只不过我们玩的游戏有点特殊，不用跟孩子说，我们正在开始一场游戏，让这成为一个小秘密吧。我们可以直接进入角色，给自己设定一个身份，一定不要是家长，而是一个人见人爱、幽默风趣、目标是完成本次演出的家长。

这跟本来的身份有区别吗？当然有，现在你有了一层防御自己心灵受到冲击的面具，你可以告诉自己，现在是你扮演的角色在和孩子沟通，你是有目标有任务的，孩子的一切反应都是对你演出的反馈，而不是对你或这个家庭。如果你做得不够好，那是因为你演得不够好，而不是你本身不够好。

这样一来，是不是很多负担和包袱就卸下来了？这就是我们的目的。当你发现自己可以把父母这个身份上附加的太多沉重的东西卸下来，只把其中有用有趣的部分捡起来时，你可以这么强大，如此轻松，如此忍耐，不会再被轻易点燃怒火，不会再轻易迷失主题。

这是一个非常有趣的小技巧，所有尝试过这个技巧的人，无不沉迷于它美妙的魔力。

记住，这个技巧的关键就是对自己进行事前心理建设：我不是因为责任而开口的父母，我在扮演一个优秀的父母在开口，我有我的台词和剧本，只是恰巧和他父母想说的一致，我必须尽力演出。

二、你喜欢看电视剧吗（配合演出法）

这是一个需要演技、配合和套路的技巧，让爸爸妈妈一起上阵吧！

爸爸妈妈如果经常看电视的话，会看到很多电视剧里都会出现这么一个桥段，名为"好警察与坏警察"，大概意思就是当警察审讯一个犯人的时候，如果犯人死硬不开口，那么往往会有一个非常粗鲁的警察进来对犯人一顿威胁和吓唬，甚至动手动脚，将气氛搞到极度紧张，然后换一个面相和善的警察端着一杯饮料进来，温言温语地安慰犯人，表示"刚才那个人就是知名的恶人，不用害怕，我站在你这边"

之类的，然后犯人在这一推一拉之间就乖乖向这个好人吐露了机密信息。

很显然，我想我们作为观众都已经对此司空见惯了。其实这个技巧的精髓就是通过"坏警察"角色，将犯人面对的矛盾从"对事情"上转移到"对人"上，刻意制造极端情绪。在极端情绪的影响下，人会更容易心绪动摇，从而被撬开心房，而这个时候"恰巧"出现一个释放稍微善意的人，就很容易信任对方。试想一下，在亲子沟通里面，很多场景里也可以应用到这个技巧。

我们常说慈母严父，当然现在也有很多慈父严母的家庭，其实就是这个技巧的应用之一。在中国的古话里，有"一个唱黑脸，一个唱白脸"。当父母双方都太严厉时，孩子往往会自闭，而双方都太宠溺，孩子往往会骄横。这方面很多父母都已经有很强的意识，但在某些具体沟通场景下，我们需要更加有针对性地使用这个技巧。父母双方永远不要都站在孩子观点的对立面，一定要有一个人站在孩子那边。

在某些具体的沟通场景里，爸爸和妈妈可以事先沟通好，设计好先后出场，让爸爸扮演"黑脸"，先让孩子对沟通内容的反感转移到对爸爸这个人的身上，然后妈妈再出场，站在孩子那边，一起谴责爸爸做得不对，然后再将沟通的内容，顺水推舟地说出来，作为站在孩子这边的条件。

不过，这种技巧可能需要一点表演，要是露馅就尴尬了，所以爸爸妈妈也需要好好锻炼自己的演技呀。

三、你喜欢逛淘宝吗（商务谈判法）

作为在淘宝等电商平台购物的高手，我们都学会了各种技巧，会察言观色、欲擒故纵、试探摸底、讨价还价，如果我们把这些技巧应用在亲子沟通中，会有什么效果呢？

听起来有些市侩，难道我们要跟我们的孩子做生意吗？谁说不可以呢？沟通本身只是工具，我们不是为了赚钱，而是为了达到沟通效果，这才是我们谈判的目标。

把你的孩子当成真正的对手来沟通，这是对孩子的尊重。孩子比我们想象的更加需要尊重，我们在太多的场合没有把他当成一个独立的人。

当你用商务谈判的视角来看和孩子沟通交锋的过程时，你可以更加真切地感受到孩子有自己的想法、自己的思路，而在这个过程中，你会明白，你没有资格与权力直接要求孩子妥协，你必须拿出条件来说服对方。这是等价交换，而非双方地位之间的强迫。如果是纯粹依靠谈判实力拿下的战果，无论对你还是对孩子，都是一个非常良性的体验。

我们来看一个经典的儿童谈判案例：两个孩子分橘子。

两个小孩打算平分一个巨大的、新鲜多汁的橘子，怎么分才最公平呢？管理学交给我们一个好办法，让一个孩子负责切橘子，另一个孩子则可以先选切好的橘子，这样切橘子的小孩就不得不尽量对半分。

小孩 A 拿到了属于自己的那一半橘子，开心地吃掉了果肉，扔掉了橘子皮；小孩 B 也拿到了属于自己的那一半橘子，剥下了橘子皮去做橘子蛋糕，扔掉了果肉。

于是我们发现了，这中间有一个更好的解决办法呀！于是我们倒回一下时间，把两个小孩重新叫回来分橘子，这次的分法是小孩 A 得到全部的橘子肉，而小孩 B 得到全部的橘子皮。两个人都得到了自己完整的需求，而且没有任何人从中受损。

想一下，如果你能在和孩子的沟通中发现这种有趣的解决问题的思路，这该是多棒的一堂课！

这能让孩子锻炼独立思考的意识，让孩子知道自己与父母之间可以平等对话，他们可以主动想办法而不是被动接受一切，无论是好还是坏！前面我们提到过，父母和孩子的沟通从来不平等。对强势方的要求，要自省；但对弱势方来说，能意识到自己可以和对方平等对话，将会极大提高沟通的主动性。这不正是我们想要的吗？

所以，有时候偶尔给予这些小家伙一些尊重和新的角色设定，会让他们对沟通这件事产生兴趣，说不定以后会成为谈判大师哦。

四、你喜欢看魔术吗（制造悬念法）

有谁不喜欢看魔术？有谁不喜欢听故事？有谁不好奇谜底是什么？好奇心是人类进步的原动力，也是人性中不可避免的弱点。

人类为了满足好奇心可以付出一切，只要悬念抛出，所有人都会聚精会神竖起耳朵聆听。当紧张密集的鼓点响起时，所有人的心跳都会跟着魔术师手中的幕布一同跳动。当你知道了故事的开头，却没听到结尾时，今晚恐怕是很难睡一个好觉了。

这么棒的技巧怎么能不用在和宝宝的沟通上呢？挥动你的魔杖，让你的宝宝成为一个好奇宝宝，戴上我们的礼帽开始表演吧!

　　制造悬念最好的办法有两个：问问题和讲故事。

　　问问题是一种强迫互动的方式，只要听见了问题的人都会不自觉地思考答案。如果问题成功吸引了孩子的注意力，他想知道答案，而答案只握在你手中，你就会见识到什么叫言听计从。

　　讲故事则是另一种。故事的结构是完整的，所有好故事的前半段都是在埋悬念，为了吸引你进入故事，而越是往后看，陷入得就越深，直到大结局来临的那一天。为什么有那么多的小说前几十章和电视剧前几集都免费给人看？为什么有那么多人愿意花钱去网上看小说和电视剧，有时只是为了提前几天看？现在你明白了吧？

　　既然这两个办法这么好用，那我们就用一个经典的例子来同时体验这两者的效果吧！

　　下页就是这个例子。

（略）

哈哈，是不是很失望，现在你知道悬念的作用了吧？

优秀的魔术师不仅会在开场制造悬念，过程中制造悬念，甚至会在结束的时候制造悬念，让每个人都期待他的下一次表演。如果你与孩子的沟通也能实现这种效果，那你无疑已经成为亲子沟通的魔术师了。

五、谁还不是个美少女战士了

这是最酷的技巧，也是我最喜欢的技巧。其实最高级的技巧是我们不用扮演谁，只用扮演曾经的自己就好了。

哼，小家伙，不要以为全世界就你和你的小伙伴最酷，爸爸妈妈也是年少轻狂过的，我们要是耍起酷来，一点不比你差；不要以为只有你喜欢的那些动画片角色是全世界最酷的家伙，当爸爸妈妈脱下面具（或者戴上面具）时，谁还不是个蜘蛛侠／奥特曼／迪士尼公主／圣斗士／美少女战士了？

秀出你最酷的身份，拿出你最酷的角色和心态去与孩子沟通：嘿，小家伙，我们不是为了你才成为最酷的老爸老妈，我们从来都如此炫酷，只是今天给你露一小手而已。

来吧，选好自己的角色，记好自己的剧本，放松心情，抛却烦恼，尽情扮演好自己的角色，让华丽的演出开始吧！

在传播学中，哈罗德·拉斯韦尔在 1948 年提出过关于沟通的 5W 原则，就是：

1.Who-（谁说）

2.What-（说什么）

3.in which channel-（通过什么渠道说）

4.to whom-（对谁说）

5.with what effect（起到什么效果）

之所以把这么重要的理论放在这个地方介绍，就是希望通过上面的实际场景先让大家对亲子沟通的常见问题有了基础了解，之后再结合这些理论，才会有更加深刻的理解。在任何沟通开始前，第一步就是思考为什么要开口，要起到什么效果，再构思我是谁、对方是谁，最后再想说什么、通过什么渠道说。

一些箴言和咒语

下面都是我从电影和书里看到的一些精彩的句子，希望能帮助大家对亲子沟通这件事有更直接、更有趣的体验。

一、哈库呐玛塔塔（无忧无虑）

这是《狮子王》里的名台词，意思是无忧无虑。我们都知道成年人的世界里没有"容易"二字，所以孩子的世界总是让我们羡慕不已。

但如果你不把自己变成一个孩子，又如何融到孩子的世界里呢？又如何去理解孩子的想法呢？

当孩子感受到负面情绪时，当孩子无助沮丧害怕时，会第一时间告诉你吗？他会不会第一时间告诉他的小伙伴甚至他的玩具熊呢？成为一个孩子心目中无忧无虑的人，你才是孩子心目中的自己人。你越开心快乐，对孩子的吸引力就越大。

二、不是巫师选择魔杖，而是魔杖选择巫师

这是《哈利·波特》里的名言。

父母花费了无数心血都是希望孩子能够成长为品行优良、好学勤勉、善心孝顺、出人头地的人，这实在是很让人向往。

也许你的孩子暂时还不是超人，但父母可以做好准备，成为孩子配得上的父母。不用想办法去勉强孩子按照你的想法去生长。你若盛开，清风自来，这种感觉是不是更好？更重要的是，你成为什么样的人，你的孩子大概率就会成为什么样的人。

再换一个角度来说，如果你连自己都改变不了，又凭什

么改变别人？哪怕是自己的孩子。

三、有些人是值得为他融化的

这是《冰雪奇缘》里的台词。

我们是值得为我们的孩子做出改变的，我们是愿意为我们的孩子融化的，但你要相信，你的宝宝也是愿意为你融化的。

在沟通的时候，要时刻让孩子感受到：作为爸爸妈妈的孩子，他超重要。比如妈妈在喂饭的时候可以说：宝宝不吃饭就不能长高高，就不能保护妈妈了。

四、尖的那头要对着敌人

这是《权力的游戏》里的台词。

沟通是武器，而且是很犀利的武器。如果沟通的方式不妥当，不仅起不到正面的作用，甚至还会造成巨大的伤害。

我们常常发现，不幸的家庭很容易代代相传，不是因为基因，而是因为畸形的家庭关系和沟通方式。孩子的性格几乎不是天生的，绝大多数性格都是后天养成的。如果孩子生活在一个矛盾尖锐、沟通总是充满攻击性的家庭，大概率就会形成攻击型人格或者暗黑人格。

不要道德绑架，不要让孩子产生负罪感，不要让孩子认为自己给家庭带来负担，不要让孩子过早背负父母的期待，不要让孩子觉得对父母和家庭有责任必须回报。这种沟通方式经常会让孩子形成内疚型人格和讨好型人格。

一定要记得，语言的温柔要留给孩子，语言的攻击性一定要一致对外。

五、就算是让奇迹出现，也要花点时间

这是迪士尼经典动画片《白雪公主》里的台词。

沟通这件事，是一项长期的工作。从来没有什么立竿见影的事情，也不会今天看了这本书，明天就能学会和孩子如何正确交流。没有那么便宜的事情，按照我们学会的技巧，规避那些忌讳，尊重孩子，改变自己，大胆开口吧！

剩下的就交给时间，让奇迹有时间慢慢降临。

在沟通这件事上，我们和孩子并没有什么区别。

我们都希望我们说的话被听的人重视；

我们都希望轻松地沟通而不会"因言获罪"；

我们都希望说话时不被打断且被正确理解；

我们都希望聊自己擅长的话题；

我们都希望我们的沟通不要冗长而无效；

我们都希望我们的沟通能收到明确的效果；

我们都希望被"委婉提醒"而不是被"当面指出"。

所以，与其说本章是为了教各位家长如何与孩子沟通，不如说当你意识到了沟通的本质是满足沟通对象的需求时，你就学会了与这个世界上绝大多数人沟通的正确方法。

第 **5** 章

心理：让孩子有一颗健康的心

每个孩子所处的生活环境都具有一定的特异性，同时也是他自身气质、父母教养方式以及所处学校氛围和老师类型等互动的总和。

小学时期，也就是 6 ～ 12 岁的时候，孩子要完成很多重要的心理任务，主要有这几个方面：1. 自我意识的发展；2. 道德水平的发展；3. 同伴交往与人际关系。尤其是在三年级到四年级，孩子很可能会有一个非常明显的变化。小学时期的心理状态可能极大地影响到孩子的一生，所以我们做家长的一定要明白，小孩子的心理问题是个大问题。

小学生的心理特点有哪些

　　我的好朋友心理老师王超认为，小学是自我意识发展的重要阶段。孩子在进入小学之后逐渐开始和社会环境发生互动，并且在这个互动过程中开始形成对自我的判断和认识。我们不难发现，低年级的孩子开始初步形成"好孩子""坏孩子"的概念，也因此，低年级的老师常常鼓励和影响孩子的方式是小红花、小星星一类的带有荣誉与评价意味的奖励物。作为家长可能会发现，好像孩子会更听老师的，或者老师给的奖励在孩子眼中更为重要。这一种情况常常让家长既困惑又为难，在学校很老实的孩子，一回家就不好好写作业，也不好好做练习，这是为什么？这种现象的原因在于，孩子学习和回应社会的评价体系的时候，老师是权威的象征，给出的评价的含金量和影响是会在孩子所在的班集体和群体中直接发挥作用的，而家长并不具备这样的影响力。

那在家里时我们该怎么配合学校，帮助孩子完成学校里的任务和要求呢？其实，如果我们的目标是让孩子觉得学习是自己的事，最先要做到的是永远不要比孩子更焦虑。如果孩子可以很好地把对老师和学校的依从感带到家中来，我们可以放轻松，只做一些鼓励和夸奖来帮助孩子巩固习惯，同时关照一下孩子的身体健康，让孩子能做到劳逸结合，别太焦虑紧张就可以了。

如果孩子在家的学习状态是对作业无所谓或者消极应对，我们首先需要反省几方面：1.孩子是否在乎老师的夸奖与奖励，如果不在乎，是因为太难获得奖励还是老师的奖励对于他来说价值太低？ 2.家庭内部是否存在奖励机制，而且家庭内部的奖励机制与学校老师用的奖励机制是否存在相互影响的情况？如果问题1的答案是孩子常常感到挫败，很难达到老师的要求，因此虽然在学校不违规，但其实本质上对于评价体系是消极和回避的。这时候家长需要关注的就是孩子的心理状态，因为这种表现可能意味着孩子已经出现了一定程度的对成就的回避以及对自己的低评价。我们需要做的是根据孩子的真实水平给出鼓励和支持，多鼓励和夸奖孩子的努力与坚持等品质，减轻结果在孩子眼中的价值。这种做法会有两个好处：1.孩子能够内化的是努力和坚持就代表我是"好孩子"，这是孩子可以控制并且可以做到的。结果常常受很多因素影响，重视过程会让孩子更有自我控制感，也会使孩子的状态更稳定。重视结果会让孩子常常感到失控而非常容易焦虑不安和自我怀疑。2.孩子的内部归因会发生变化，当结果不够好的时候，看重过程的孩子更倾向于在自己努力的方面找原因从而应对失败，而看重结果的孩子则更倾向于认为结果是自己无力改变的而回避挑战和认为自己就是失败本身。

当然还有一种最棘手的情况，就是孩子在学校和家里都好像是混世魔王一样，不仅不往好的方向发展，还专门和大人对着干。这种情况，要综合考虑孩子是否有类似不受控制地在课堂上讲话乱跑、频繁打人与发生冲突、说脏话以及公然违抗老师等情况。如果有以上情况，建议家长先带孩子去儿科或心理科进行诊断和评估，是否因为孩子的神经及生理发育的异常情况导致的。如果在医院排除了生理性的原因，孩子的这些表现可能意味着他有强烈的情绪问题，而这一部分常常和教养人情绪不稳定，以及在教养过程中常常发生冲突甚至体罚有关系。

在学龄儿童的教育中，我们常常不建议使用惩罚和暴力，原因在于虽然惩罚在最开始的时候似乎比奖励来得更"见效"，但随着使用次数的增加，我们也不难发现，依靠害怕与恐惧而行动的孩子，在没有监督的情况下更难自觉自主地完成自己的任务，而且完成任务时常常也会难以集中注意力。

对于家长而言，简单粗暴的管理常常会带来更多不必要的麻烦，比如当吼没有用时就不得不升级成动手，打手心没用时就不得不升级成打屁股等，我们也在不知不觉中变成了一个可怕的"怪兽家长"，而再想亲近和抱抱孩子时，就变得难上加难。所以，如果孩子表现出了经常地对抗和违背规则的情况，我们需要做的是：1.反省家庭教养过程中是否存在指责攻击甚至暴力对待孩子的情况，如果存在，立刻停止；2.了解孩子在学校的学习环境，有时候暴力不一定来源于家庭，也有可能来源于校园欺凌或者老师体罚等；3.为孩子树立边界和规则，合理且在确保孩子理解的情况下适当地进行教育（稳定且温柔地坚持不可以的标准，当孩子有改善时及时进行鼓励），当孩子破坏的行为有所改善后再往正向鼓励的方向引导；4.必要时可寻求儿童或家庭心理咨询服务的帮助，专业人士可以为家庭带来一些新的方向和支持。

需要注意的是，消极应对和对立违抗两种常见不良情况引起的原因并非绝对，有时候也会出现因为被暴力对待而变得消极回避的孩子，也会有因为家中过于溺爱和满足过多而变得嚣张跋扈的孩子。每个孩子所处的生活环境都具有一定的特异性，同时也是他自身气质、父母教养方式以及所处学校氛围和老师类型等互动的总和。

　　总而言之，在孩子自我意识发展的早期，要对自己有一个稳定的判断与评价。而我们家长需要做的就是，观察孩子和学校及老师互动的情况与反应。如果孩子特别在意评价体系，我们就需要适当地帮孩子松松绑解解压，让孩子不至于过度焦虑和紧张这些评价；如果孩子特别不在意甚至故意违反评价体系，我们需要做的就是更多地让孩子承担自己行为的结果，做到公正和温柔地坚持，而不要因此去伤害和指责孩子。

孩子三年级前后变化有多大

　　孩子在学龄发展的过程之中，9 ~ 10 岁，也就是三年级左右是一个非常关键的时期。和青春期类似，这个时期的家长可以明显感觉到孩子身体和心理层面的变化。心理方面的变化主要体现在以下几点。

　　1. 认知能力，也就是我们说的记忆、注意、思维和想象力等水平均会显著提高。

　　这个阶段的孩子很多时候会给家长一种"开窍"的感觉，虽然有早有晚。从这个年龄开始到 14 岁左右，孩子的认知能力将会逐渐趋于稳定。这个年龄段孩子的认知能力发展会有先后，水平会有高低，主要受遗传、教育等因素的影响，与性别无关。

2. 自我意识增强。

不同于幼儿时期，步入学龄期的孩子自我评价的影响因素聚焦于外部评价体系，比如外貌形象、学业成绩、同伴接纳、运动能力和老师父母评价等。从中我们也可以看出为什么网络游戏会从这个年龄段的孩子开始广受欢迎。除了自我评价，自我控制能力在这个年龄段也开始发生重要的分化。自我控制能力的发展对儿童的学习成绩、控制攻击、协调人际关系等都具有重要意义。有的孩子自我控制能力成长得非常显著，有的孩子反而出现了自我控制能力的下降，其中早期教养方式起到了非常重要的作用。

3. 自尊心显著增强，情感开始丰富，也会开始进行情绪情感的选择性表达。

我们突出的感受就是这个年龄段的孩子开始变得敏感，易激惹，对于是非的准则要求下降，更注重个人情绪体验。有的时候不知道他们在想些什么，想要做些什么，从一个天真无邪的小可爱变成了一个阴晴难测的"炸药桶"。我们会发现这个年纪的孩子开始顶嘴，觉得自己很有道理，变得容易撒谎还不容易被轻易识破，一旦戳破就会出奇地愤怒。

如今社会，随着手机的普及，是一个资讯高速传播的信息爆炸时代，孩子们受到这个影响，情感发展的时段也会相应提前。

对此建议家长们：

1. 对于孩子认知能力发展，家长们首先需要接受的一点是孩子的发展和能力高低是有个体差异的。

很多影响因素并不是孩子可以决定的，比如遗传、家庭教养等，所以我们需要接纳孩子在横向比较的过程中落后于别的孩子，需要注重的是在纵向比较的过程中发现孩子与之前相比是否有进步。

家长们尤其重视孩子认知能力的发展，现在很多的补习班和课外班也在主推这方面能力的训练和发展，尤其是脑力开发训练和记忆力训练等。这方面，家庭有条件、孩子有时间的家长可以尝试报名参加，相关的训练会有一定的促进作用，但主要影响因素还是年龄发展，也就是步入一定时期，大多数孩子的认知能力基本趋同（符合正态分布），而就训练作用而言，课外班和让孩子自己在家做一些认知能力训练题目其实差异并不大。对于小学学龄阶段的儿童，父母和孩子一起做一些思维训练类的题目（相关书籍网络和书店都有很多，关键词：思维训练、认知训练），不但能够促进孩子的认知能力发展，还能促进亲子关系，同时增强孩子的竞争意识和自我效能感。家长需要注意的是全程参与，与孩子一起做题、一起思考、一起论证，共同成长的经历是任何课外班都无法做到的。

2. 首先家长们在这个阶段需要有改变的意识，了解到之前的沟通和教养方式可能不适合这个年龄段的孩子了。

家长们首先要接纳孩子的"叛逆"和"疏远"，需要改变我们对于孩子的评价体系：成绩优秀、听话即为好孩子。家长们要尊重孩子对于自我评价重心的转变，做好价值观的引导工作，让自我评价体系向学业成绩、个人社会支持体系等良性评价侧重。同时需要多进行鼓励和认同，这个阶段的孩子自我效能感（自信）的建立会影响到成人阶段。高自我效能感也会让孩子在学习及完成其他任务时保持高效。

3. 这个阶段开始，孩子能够非常敏锐地捕捉到家长的情绪变化。

家长需要做好情绪管理，并且准确识别孩子的隐藏情绪。对于情绪管理，家长首先要做好愤怒情绪的管理，特别是当我们发现孩子开始频繁撒谎的时候，这一部分内容会在后面情绪管理的部分详细阐述。各位家长可以把情绪管理部分和沟通部分配合起来学习，这个阶段，沟通方式的调整和情绪的调节是我们处理好亲子关系，帮助孩子健康成长的重要方式。

培养孩子延迟满足的能力

我希望我的孩子以后能够成功，哪些因素能判断出我孩子未来有可能成功呢？

很多家长问我，怎么样才能让孩子走向成功。老实说，并不是所有成功的人都是幸福的，很多时候并不那么成功的人更可能获得幸福。但仅就通向成功而言，除了自律和自控以外，很重要的一项自我控制能力，也是我们家长容易忽略的，就是延迟满足能力。有研究显示，影响个体未来发展和成就的重要个体因素里有智商（认知能力）、延迟满足能力等。延迟满足能力是指抑制欲望的即时满足，学会等待的能力。这个能力到青春期左右基本可以定型。一般来说，早期阶段延迟满足能力更强的孩子具有更好的自控力和注意力集中水平，对于其学业发展很有帮助。

因此，我建议：

1. 训练孩子的延迟满足能力不能依靠讲道理，首先要学会拒绝。

在面对孩子无理取闹索取想要的东西时，需要表现坚决，不能表现出犹豫为难。孩子能够敏锐捕捉到家长的想法和态度，同时会不断试探底线，家长们需要在必要时采取坚决态度让孩子了解到底线。

2. 需要通过实际的体验让孩子了解到，拒绝短期的诱惑会有更加丰厚的回报。

当孩子能够忍住诱惑时，比如叫嚷吃冰激凌时，我们可以让孩子等等，或者告诉孩子过一段时间会有很好的或者他们更加喜欢的食物。当孩子能够忍住时，家长们需要在后期进行更加丰厚的回报给予孩子强化，如前文提到的，孩子忍住马上吃冰激凌的念头，后续可以给孩子更好的冰激凌等食物作为奖励。

3. 每个孩子的发育水平不同，需要家长耐心引导，通过拆分任务，设定小目标的方式训练孩子的延迟满足能力。

有的孩子延迟满足能力较弱，一定要耐心细致的同时保持态度的坚决，不要给每个奖励都设置条件，同时在训练的过程中不要忘记爱的表达。

如何给孩子树立规则

为孩子树立规则，但又怕规则太严厉伤害孩子，作为家长该如何平衡？

我们在给孩子树立规则的时候，常常面临的难题是，不严厉，孩子常常不把规则当回事，但身为父母也不希望因为太过严厉给孩子留下心理创伤，让他感到恐惧与害怕，甚至影响到亲子关系。

我们的担心都是有道理的，过分强势确实会引起孩子的恐惧心理，甚至留下心理创伤，但放任不管也确实会让还没有独立判断能力的孩子走上歧途。所以在对孩子进行管教和树立规则的时候，父母一定要清晰自己的目的是什么，才能够及时做到适可而止和避免伤害。树立规则常常还会包括两个方面：一方面是需要做什么的习惯问题，另一方面是不允许做什么的边界问题。

我们先来看看树立需要做什么的习惯问题。比如，我们希望孩子知道必须刷完牙才可以上床睡觉，在大人看来这是一个为孩子健康考虑和理所应当的事。但常常出现的场景是，我们需要一遍又一遍地提醒和催促孩子，不然他们好像永远不觉得这是自己的事，而这时候也就是我们失去耐心开始"暴力逼迫"的时候了。

孩子为什么会这样的？主要的原因是，虽然他们能够听懂我们所说的为他们好的原因和道理，但小学阶段的孩子的行动动机常常还不具备理性的特点，因为人类的理性脑直到成年才算是逐步发育完全，而在此之前运用的更多的是情绪脑。所以，就很自然地会出现，孩子好像知道这些道理，甚至自己都能说得头头是道，但行动的时候拖泥带水。因为在他们的头脑里，这些道理只是一些并没有被充分消化理解的文字而已。长虫牙的痛苦，牙齿坏掉后要看医生的恐惧，都是没有深刻体验过的感受，就无法和这些言语产生联系。

那么，最大的问题来了，我们提前为孩子培养这些习惯不就是为了避免这些糟糕的情况在他身上发生吗？所以如何让孩子避免无可挽回的结果又能够唤起他相应的情绪体验，就是激发孩子主动配合的主要方向。

我们可以用这几种方式来帮助孩子明白这些道理背后的意义：1. 像疫苗一样，给孩子类似灭活的病毒，比如刷牙的事情，可以带孩子去口腔医院看一看长虫牙的病人是怎样接受治疗的，孩子会很聪明地发现还是刷牙比较划算。2. 如果孩子有信赖的同伴有过类似糟糕的体验，可以鼓励孩子去问问他的体验如何，学龄期孩子同伴的影响力往往会比家长的苦口婆心来得有效。3. 在家里提醒孩子的时候，重点放在我们因为爱他而感到担心和不安的心情上，多表达如果他可以学会照顾和保护自己，爸爸妈妈会安心和感谢他的帮忙，孩子也会明白如果他这样做其实会帮助爸爸妈妈缓解紧张和焦虑。这其实是利用亲子之间的感情帮助孩子对行为赋予一个"值得做"的意义和价值感，同时还能让孩子感受到自己对父母而言是重要的。

我们再来看看关于设立不允许做的边界的问题。在养育孩子的过程中，规则常常除了帮助孩子远离危险和让孩子变得更好，还帮助孩子控制自己的攻击和破坏。学龄期的孩子常常对世界充满好奇，有些胆大的孩子对世界的探索常常就很容易变成无所顾忌的破坏和攻击，所以在面对这些孩子伤害和破坏一些底线与原则的时候，我们的严厉和坚决是十分有必要的。

我们先需要清楚的是，孩子伤害别人或者侵犯他人利益到底代表着什么。可能有些父母会觉得因为孩子小还不懂事，也有些父母很紧张觉得这或许是孩子未来做出更糟糕的事情的一个前兆。但真相或许是孩子有故意的成分，毕竟搞破坏是令人兴奋和感到刺激的，甚至还可以获得很多的关注，他们也许并没有意识到这些行为对他人和环境造成的伤害以及自己要承担的责任。因此，我们需要在树立这些边界的时候注意这几点：1. 温柔而坚定地去重复坚持这个底线和边界，情况严重时让孩子感到害怕和恐惧也是必要的，目的是让他明白这不仅仅是一个玩笑和恶作剧。温柔和坚定的目的是不要把孩子当成罪犯一样去指责和审判，因为我们的目的不仅仅是让孩子了解情况，更重要的是让孩子学会如何去道歉和修复伤害。2. 帮助与支持孩子面对错误和承担责任，不要把道歉和修复的责任全放在孩子身上。对于孩子而言，意识到自己是个"坏孩子"已经够可怕了，还要面对被爸爸妈妈抛弃的恐惧无疑是雪上加霜。当我们陪他和鼓励他去修补错误时，孩子一方面会更信赖大人的管控，另一方面也会将对约束的恐惧转化成敬畏而更倾向于主动去维护规则。

学校老师总找我告状怎么办

学校老师总找我告状，我该当个好妈妈维护孩子还是当个好家长支持老师？

现在的老师们倍感焦虑，要督促孩子又不敢伤害和刺激到孩子，于是常常出现的情况就是，老师会将这一部分棘手的教育责任分摊给家长，寻求家长的配合。

而当孩子在学校表现不够好，老师跟家长告状或要求家长来负责和调整的时候，常常就会让父母非常为难。毕竟学校发生的事情的具体情况和过程，家长并不知情，只听老师一面之词就问责孩子好像不太公平，但放任不管又担心学校觉得家长不配合而放弃或者忽视孩子。其实当我们能够清晰地认识和了解自己为难的处境是怎么造成的时候，解决的办法和方向就会开始清晰了。

想当好父母是我们希望孩子感受到家长对他的关爱和保护，同时也希望自己能够做到优先满足孩子的需要与诉求；想当好家长是我们希望可以帮助孩子适应社会，提高和学校的合作性常常也代表着能给孩子换取更好的社会资源。这两个最终目的其实都是为了孩子好，但在立场上却很难取舍和选择。

我们重新来审视这个问题，不难发现为什么好妈妈和好家长的身份冲突了。为什么我们不可以既是那个爱和守护他又是那个约束和管教他的人呢？如果允许这两个身份共存，我们就可以找到平衡点。如果我们发现自己总是偏向某一个身份的话，那么我们可以进行一些调整，帮助自己进行抉择和判断。

1.先了解发生事件的过程和性质，做出属于自己的判断。

2.在有了初步的判断后从妈妈的立场来看，这个事件里孩子需要的是支持和保护还是承担责任。

3.从学校和老师的立场来思考，老师告知家长的目的和期待是什么，是否符合真实情况以及是否自己认同且可以做到的。如果老师的要求是强势且具有指责贬低意味的，我们需要毫不犹豫地去与老师探讨他的方式方法的合理性和影响；如果老师的要求是合适且合理的，认同老师为孩子的付出和关注的同时，可以和老师沟通自己给孩子的管教工作的进展与方式，同时也可以让老师帮忙看看家庭的配合是否有效果，效果不好的也可以进一步向老师讨教一些方法和建议来做参考。

在这个问题上，最重要的是家长不论站在哪个身份上都一定要对事情和过程保持清醒的判断与认识。不同的学校环境和老师都是孩子与父母需要去灵活适应的。不要轻易地怀疑自己的孩子，如果孩子真的闯了祸，与孩子共进退是最重要的。如果孩子被老师误会或者承载了老师的情绪，我们一方面尽量消除这些对孩子的负面影响；另一方面可以更多地认可和支持老师，也会间接帮助到孩子。

孩子开始学会撒谎和欺骗，我该怎么办

　　许多孩子在小学阶段会开始撒谎，甚至有的孩子会出现偷东西的情况。对于父母而言，这是很令人焦虑的状况，可能预示着孩子"学坏了"。从心理学的角度来看，这个现象也确实是有些危险的信号，但代表的或许不是这个孩子即将走上犯罪的道路，而是孩子在与父母的沟通和互动中有很多情感或者生活上的需要没有得到满足。

　　当撒谎和欺骗成为孩子的一种选择的时候，尤其这个孩子原来还是特别乖巧、和父母无话不说的孩子，那说明在与父母或者成人的沟通过程中，他感受到了挫折。这个挫折代表着，孩子用语言表达渴望被理解和接纳的部分遭到了太多

的否定和忽视，让孩子觉得可能自己的真心话父母并不爱听，父母也并不会喜欢真正的自己。逐渐地，孩子就会开始敷衍或者糊弄父母对自己的关心和好奇，因为在他的经验里，这些"实话"讲出来是会被"纠正"和"教育"的，而不是他所渴望的被理解和接受。孩子就会在别的关系中寻求理解，比如同伴关系。有的孩子也可能在心里指责和忽视那个对父母有情感需求的自己，就像父母对他的方式那样。有些孩子也会出现行为上的表现，比如偷东西满足自己的社会需要。

孩子在成长的过程中对家庭和父母提出新的挑战与需求是正常的，而我们如果没有识别出这些需要的信号或者仅仅因为我们觉得不合理就否定孩子的需要，就会使孩子的行为偏离正轨。

所以当孩子已经开始出现撒谎和欺骗时，我们可以尝试以下的步骤来让沟通回到正轨：1. 重新尝试和孩子沟通，了解我们做了什么让他害怕和担心说真话。2. 与孩子商量，可不可以告诉爸爸妈妈自己又觉得什么被否定了或者被忽视了，而不是直接用谎话来应付父母。3. 在孩子表达自己对说真话的担心和焦虑的时候，可以和孩子讨论在往后的沟通中如何分摊这个沟通不顺利的责任，给孩子提醒父母的权力。当然我们也需要做出相应的反省和调整，避免让孩子再次在亲子关系中受到挫折。

如果以上的方法行不通或者难以做到，也许我们和孩子的信任关系的损坏程度比我们想象的要严重，建议去寻求专业的心理咨询师的帮助，来修复和调整我们与孩子之间的亲子互动模式。需要注意的是，对于 10 岁以下的孩子，建议父母先从自己的部分开始调整，因为孩子能够进行的反省和思考非常有限；10 岁以上已经具有独立思考能力的孩子，可以尝试进行亲子咨询，与孩子共同去面对关系中出现的问题。

该不该插手孩子的社交

孩子总交一些"坏朋友",我该不该插手孩子的社交?

这个问题首先涉及的是"坏朋友"的定义。如果孩子所交的朋友是品行不错但学习或家庭环境不够好的孩子,那这份焦虑其实是没必要的。学龄期孩子的成就表现可能会受到朋友的影响,但友谊体验对于这个年龄的孩子而言更多的是品行和社会适应方面的促进与帮助。所以,当"坏朋友"代表着,这些孩子品行不端,比如有打架骂人、抽烟喝酒等不端行为的时候,我们就应该毫不犹豫地插手阻止。

提早进入社会型的同伴团体对孩子的成长是有危害的,因为类似的团体中能带给孩子很强的归属感与情感支持,让孩子仅仅因为"义气"就感情用事，做出许多离经叛道的事。往往也容易陷入一个恶性循环，那就是如果你是我们小团体的一员，就要和我们一起做些"坏事"。"共犯"的身份将彼此的利益捆绑，成为最可靠的关系纽带，而当这些"共同犯罪"的事情越来越多的时候，孩子也就越难从中摆脱。这些"坏朋友"，常常会有各种威逼利诱的手段，不知不觉就会让孩子深陷其中，无法自拔。

在孩子看来，这些与"坏朋友"建立的关系，充满了危险但紧密且具有某种特殊的可靠感。孩子很难意识到，一段可以继续发展也允许他自由退出的友谊才是真正健康的朋友关系，如果在友谊中失去了选择的自由，那么关系的实质可能不是友谊而是某种统治或者剥削了。这也是为什么家长必须插手，因为这可能并非真正意义上的互惠互利的支持关系，而是一种被情感遮掩的伤害行为。因此，帮助孩子脱离这些"坏朋友"，实质上是保护和解救孩子。

对于父母，我们也要在切断这些关系的时候充分给孩子替代性的支持和缓冲，避免被孩子误解我们插手和干预的意图。所以需要我们注意以下几点。

1.澄清我们的帮助和保护的意图，避免孩子误会我们是去搞破坏的。

2.区分孩子和那些不良朋友，降低孩子对团体的归属感，多夸奖和鼓励孩子正向和良善的部分，唤醒孩子对自身的肯定和判断。

3.失去一段关系对于孩子而言意味着一种丧失，同时也有被原先团体惩罚或者报复的担心与害怕。家长需要做好充分的安抚工作，同时也要第一时间站出来保护孩子免受"坏朋友"的骚扰与伤害，而不要把这些任务都留给孩子。

孩子内向怎么办

孩子内向，出门就不敢说话，是不是心理有问题？

心理老师王超认为：如果孩子是性格内向，那其实不是一个很严重的问题。在心理学领域里，性格是不分好坏的，我们现在所接触的大五人格、九型人格的分类里没有所谓的好的人格和不好的人格，每种人格特点都有它的优势和不足。如果孩子出门不敢说话，回避出门社交，家长们需要探究一下原因，先需要确认一下孩子是否在之前有过创伤性经历，比如出去玩被别的孩子欺负、在大庭广众之下出过糗或者因为在外面玩到很晚被家长训斥，还有是否在早期幼儿园的生活中与同伴关系比较差，需要改进与同伴交往的方式，或者是家里可供娱乐的设备比较多，在家玩更有吸引力。这些情况一般都属于正常范畴，但如果孩子的行为表现影响到了日常生活，例如要出门就会表现得歇斯底里、和陌生人说话就会紧张焦虑到发抖不能自制等，就需要去相关医院进行诊断。

因此，我建议：

1. 接纳自己孩子的性格特点，充分挖掘孩子的这种性格特点上的闪光点。

当前社会对于开朗外向性格的人是有一定优势的，但内向的孩子不等于不能表现自己，作为家长首先要接纳孩子的这种性格，不要因为孩子一时的怯懦就丧失对孩子的信心和耐心。

2. 家长们可以通过鼓励夸奖的方式在孩子勇敢表现自己的时候强化这种行为。

要多鼓励孩子表现自己。这里需要注意，鼓励和夸奖不是简单地说"你真棒，我真为你自豪，你真是个优秀的孩子"，而是准确地说出孩子的哪些行为反映出他真的很棒，比如，"今天你帮助爸爸问路，咱们能这么快找到地方都是你的功劳，你真棒"。在进行言语强化时，务必要强调具体是什么行为值得夸奖。

3. 如果孩子是出于某些原因不想或者不敢出门，家长们

需要了解具体是什么原因导致孩子出现这个问题。

如果是创伤性的经历体验，首先需要抚平创伤，为孩子营造一种安全感，让孩子知道哪怕在外面也会得到父母的保护。若是因为家里的玩耍设备很多，则可以通过与同伴交往的方式，引导孩子出门去和其他孩子一起交流和分享自己在家里玩游戏所取得的成就。

孩子不愿意去学校怎么办

孩子如果不愿意去学校，最重要的是看他在哪个年龄段。

如果是幼儿园阶段，那么首先考虑是不是存在分离焦虑的情况。如果两个月之内这样的情况减少了，其实不用太担心；如果持续超过两个月的话，建议看一看是不是主要照养人和孩子之间的关系太过于紧密。

如果是因为亲子关系太过紧密，就需要关系很紧密的那个人给孩子做一些仪式性的东西带去学校，然后让孩子能够从这个东西里面获得安全感，完成过渡阶段。

如果孩子上小学出现了厌学情况，要结合孩子的适应情况，也就是他与同伴的关系如何，与老师的关系怎么样，看看是不是这两部分出了问题，然后及时和学校沟通，帮助孩子调整心态。

孩子几乎没有朋友怎么办

学龄期的孩子对集体归属感会有比较强的需求，拥有良好的人际关系不仅可以帮助孩子更好地适应学校生活，也能够让孩子在这段关系中培养许多良好的品质。学龄期的儿童交往会有一些特点，比如初步的小团体的形成，以及共同行动、相互模仿的行为等。

根据儿童在同伴中的表现，可以将儿童分为以下三种。

1. 受欢迎的孩子。

往往学习成绩和表现都很好，对事物有自己的看法和主张，善于交往并易于合作。

2. 不受欢迎的孩子。

往往具有攻击性，配合性和依从性都较差，难以合作，常出一些不良主意和做恶作剧。

3. 受忽视的孩子。

往往表现为退缩、安静、被动，有依赖性或顺从性，既不为同伴所喜欢，也不被同伴所讨厌。

孩子在群体中的类型如果没有对孩子的学校生活造成太大的困扰，父母并不需要太过于担心。在此基础上，我们可以给孩子一些帮助和支持，让他能够在小学阶段获得几段稳定的友谊是最为重要的。

如果孩子本身很受欢迎，这部分其实就不需要多做什么，只需要多巩固孩子自己的判断和品质，鼓励孩子学会适当地拒绝，避免在人际中过于讨好就可以了。

如果孩子在校园中并不受欢迎，我们可能就需要在家庭中对孩子的攻击和伤害行为进行一定的教育和管束了，但切记不要用攻击和伤害的形式让孩子去停止这些行为，而是先帮助孩子明白攻击和做恶作剧只能吸引注意力而并不能帮助建立关系，再尝试让孩子学习更有适应性的方式。

受忽视的孩子常常在群体中的安全感不够充足，我们需要先弄清楚孩子是因为内向喜欢安静还是因为在人际交往中感到紧张与害怕。如果孩子本身是内向的喜欢安静的类型，也就是说他更喜欢少而深入的人际交往形式，不需要刻意去改变。但如果孩子希望有更多的人际关系却因为害怕和紧张而做出回避行为，父母就需要留意了，了解孩子是否在学校经历过什么事件（必要时可以追溯到幼儿园的交友历史）。如果在学校并没有经历过特殊的事件，那父母可能需要反思一下，自己与孩子的交往中是不是常常否定和批评孩子，让孩子产生了自己不够好的感受而在同伴交往中变得畏首畏尾。

孩子考前焦虑该怎么办

　　心理老师王超认为：孩子有考前焦虑或者对于学业成绩非常看重，这不是一件坏事情。现在很多孩子出现的问题是学习动力不足，不喜欢学习，对于学习成绩的好坏也无所谓。对于考前焦虑的孩子来说，不管从平时行为表现上是否喜欢学习，在孩子的意识中，考试成绩都是非常重要的，所以这样的孩子的学习热情和学习动力也是相对比较好调动的。

　　一般来说，排除神经性问题，任务相对个体的难度和任务结果的不确定性都会导致焦虑情绪，而考前焦虑作为一个特殊的焦虑类型，产生的原因有几种：1. 学习没有投入很多精力和时间或者学习能力相对较差，考试对于他们来说是一项非常困难的挑战；2. 对于考试成绩过于看重，认为考试成绩的好坏会对很多自己所看重的事物产生影响，如家庭关系、同伴关系、老师态度等；3. 有过考试相关的创伤性经历或者替代性经验；4. 孩子的自我评价偏低；5. 和孩子个人的性格有关。

对此我建议各位家长：

1. 帮助孩子制订好学习计划，从提升学习能力本身解决这个问题。

学习能力强了，考试这个任务对于孩子来说自然就不困难了，对于考试也就不焦虑了。需要注意的是，计划和目标需要协商制定。这个年纪的孩子已经开始追求自主性和公平感，我们不能用命令式的管教方式进行教育。

2. 明确考试目的。

对于我们国家大多数孩子来说，学生生涯中重要的考试有两个——中考、高考。整个社会让孩子们将太多的意义赋予在考试成绩之上。平时的考试对于学生来说是一种检查，查漏补缺的意义大于评价的意义，考试成绩的好坏不会决定人生成就的高低，也不能定义一个孩子的好坏。虽然好成绩很重要，但发现自己学习上的问题加以改正更加重要。需要让孩子养成错题改正、错题记录的好习惯。

3. 回忆过往的成功经历。

例如孩子在小学前期或者幼儿园时期的突出表现，或者在某些竞赛中的获胜经历，帮助孩子重新找回自信心。

4. 带着孩子一起做放松训练。

对于学龄儿童来说，简单的呼吸训练法和自我暗示训练都非常有效。

孩子在学校受到欺凌，家长应该做什么

心理老师王超认为：校园欺凌现象背后的原因有这样几点：1.学龄阶段的孩子本身道德意识和规范意识还没有完全建立，缺乏良好的引导和管束就会以个人好恶为准则，通过恃强凌弱表现自身价值。2.没有相应的惩戒措施，欺凌现象往往被大事化小小事化了，从行为强化的角度助长了欺凌者的行为。3.价值评判方式单一。在学校中，成绩往往是评判一个孩子好坏的标准，老师和同学对成绩好的同学的行为有较强的包容度，而成绩差的学生的反抗行为往往会被定性为恶劣行为，这就会助长一部分"优秀"学生的欺凌行为。4.被欺凌的学生没有做到及时反抗、及时寻求帮助或者寻求帮助后没有得到良好的反馈，从而"习得性无助"，任由欺凌。

5. 被欺凌者由于自身自卑，缺乏良好的社会支持体系。

所以我建议：

1. 父母要与孩子建立良好沟通关系和信任关系。

通过自我暴露的方式（主动说出自己的糗事或者在像孩子一样的年纪做过的错事）与孩子建立信任感和分享的习惯。一般来说，受到欺凌的孩子除了会感到恐惧和焦虑，还会感到委屈和没面子，所以先要让孩子打开心门。

2. 无条件支持自己的孩子，鼓励孩子表达。

很多时候由于孩子懂事或者恐惧，在老师进行询问时往往会降低事情的严重性或者表示能够原谅和理解欺凌者，但孩子的内心中一般是无法释怀的，而在这种情况下老师往往会大事化小小事化了。所以我们一定要做好倾听，鼓励孩子表达。欺凌事件要在一开始让欺凌者了解到事件的严重性和他们对于别人造成的伤害。

3. 及时和老师做好沟通工作。

发现孩子的情绪出现比较大的波动时，如果孩子不能够清晰表达，可以通过老师了解情况。在了解情况时，主要了解一下孩子日常交往的同伴的情况，一般受到欺凌的孩子都存在一定的同伴交往问题，如果发现，及时干预处理，可以试着以自己的社交圈为孩子建立同伴关系。

4. 当孩子比较小、无法良好表达情绪时，可参考其他问题中的等级式询问方式了解孩子的情绪状态。

5. 如果孩子已经受到了长期的欺凌，家长们需要注意先帮助孩子换一个学习的环境，再帮孩子寻找专业的心理咨询机构进行心理咨询。

被欺凌之后的心理问题越早解决，对于孩子以后的影响就会越小。

儿童及父母情绪疏导

一、如何训练孩子的情绪管理能力

心理老师王超认为：孩子具有良好的情绪管理能力是指在负面情绪出现的时候，孩子能够良好地表达情绪，能够了解自身出现情绪的原因，努力去解决这些负面情绪，不要因为负面情绪造成不必要的伤害。很多时候，家长们会有一种期待，就是孩子在自己面前最好都是积极乐观的，不要表现出负面的情绪。一旦孩子出现类似愤怒、焦虑或者悲伤的情绪时，家长们就会感到烦躁不安，这种情绪会传递给孩子，造成孩子情绪的极端化或者在家中的情感淡漠。

所以我建议：

训练孩子的情绪管理能力，要从孩子的情绪表达、情绪处理、情绪识别等多个方面进行训练和引导。前文也说过在学龄期间的孩子，情绪会逐渐丰富，孩子们无法清楚地表达。这种时候需要家长进行引导，如"你现在很高兴""你现在好像很生气""你好像有点委屈了""你真的很担心"。

我们可以运用**短期焦点技术中的等级式询问技术**帮助孩子描述他们的情绪水平。例如：妈妈知道你现在很生气，如果用1～10分进行评价，10分是最生气，你现在是几分呢？有时候，我们会得到比较极端的答案，比如总是10分，或者孩子甚至会说出100分，但随着年龄增长以及我们帮助孩子分析他们的情绪，他们的评价会越来越准确。这个方法的优点在于能够简单可视化地将孩子的情绪以及情绪水平表达出来，也便于家长们识别孩子现在的负面情绪水平，做好相关的疏导工作。

关于孩子的情绪处理，务必做到宜疏不宜堵。首先我们需要帮助孩子了解他们出现这样的情绪是非常正常的，哪怕是家长面对这种情况也会有这样的情绪。其次是帮助孩子了解为什么会产生这样的情绪。比如愤怒的情绪，一般产生的原因是个人的期望没有被满足。这种时候，家长需要帮助孩子了解自身的期望是否合理，对方的行为是否有错误。比如焦虑的情绪，帮助孩子了解担心的原因是自身能力不足，还是自己对事情的目标定位过高或者事情本身就是不可控的。

　　帮助孩子了解产生情绪的原因之后，家长可以引导孩子针对情绪产生的原因想办法解决。比如愤怒的情绪，是孩子本身的问题还是其他人的问题。如果是孩子的问题，需要让孩子意识到自己对这一类事情的不合理期望，调整到合理的范围内；如果是其他人的问题，教会孩子如何和对方沟通，保证下次不会出现此类问题。

　　情绪疏导很重要的一个前提是孩子的应激情绪得到了发泄。而在大多数情况下，孩子发泄应激情绪的方式是模仿父母的行为，所以以身作则非常重要。有一个小方法，就是让孩子玩打球或者打枕头舒缓一下应激情绪。

二、如何更多地激发孩子的积极情绪

　　心理老师王超认为：积极情绪伴随着的是孩子相对乐观积极的态度。同样一件事，乐观的孩子往往会有积极的情绪体验，而悲观的孩子就会出现负面情绪体验。有研究发现，乐观是一个人取得成就的重要影响因素。对于大多数人来说，人生而悲观，但幸运的是乐观是可以后天习得的。

所以我建议：基于阿伦·贝克的情绪 ABC 理论，即个人情绪的产生是由于事件（Adversity）发生之后，个人的想法（Beliefs）影响个人产生相应的结果（Consequences），这个结果表现在情绪反应和行为反应上，所以我们需要去改变和影响的主要是 B，也就是孩子对于事件的思维想法。基于以上理论，下文中的乐观训练法是基于马丁·塞利格曼的乐观训练法精简提炼而出的。乐观训练中需要让孩子掌握的技能：1.捕捉自动思维的能力；2.评估自动思维的能力；3.挑战自动思维的能力；4.化解负面思维的能力。

关于捕捉和评估思维，可以用思维日记的方式帮助孩子了解自己面对一些事情时的想法是什么。思维日记格式如下（评分按照程度 1～10 分）：

不好的事件	想法	想法评分（确定性）	后果	后果评分（感受性）
在上学的路上有同学对我指指点点	他们认为我长得很丑	7分	我感到很伤心难过	9分
	他们发现我是全班第三名了	8分	我感到很自豪	9分

从表里我们可以看到，对于一个事件，孩子可能会有不同的想法，而这个想法会产生不一样的情绪体验。我们需要让孩子养成习惯，在发生不好事情之后，对自己所产生的想法以及这个想法的确信程度进行评价，并且了解这样的想法会让自己产生什么样的情绪体验，这种情绪体验的程度有多高。

学会思维解释。

一般来说，解释风格分为三个维度：永久性（持续、暂时）、普遍性（普遍、特定情境）和个人化（个人、非个人）。乐观的解释风格对于不好的事件来说，偏向于暂时，基于特定环境之中，不论是个人原因还是非个人原因，都需要基于现实角度出发。

对于永久性的练习，我们可以用现实事件分析法。

不好的事件	持续性想法	后果	暂时性想法	后果
一群同学冲我吼：赶紧滚蛋吧，软蛋	他们总是欺负我	焦虑害怕，不敢去上学	他们因为我今天的行为很生气	反思今天的行为，以后避免出现这样的行为

我们可以对孩子身边发生的不好的事情进行记录，事后进行分析，关注孩子保持持续性想法还是暂时性想法，如果持续性想法过多，家长们需要帮助孩子进行分析，用暂时性想法进行替代。孩子的永久性思维模式与家庭教养方式、家长的评价以及家长的解释风格相关，所以家长在带着孩子练习的时候也需要对自己的解释风格进行改变。

　　关于普遍性，这一点需要实事求是，基于事件本身的原因进行分析。在普遍性方面，家长们需要帮助孩子了解各个类型事件的普遍性原则，偏向普遍原因的还是需要归因于普遍情况，特殊原因的归因于特殊情况，比较模棱两可的情况可以归因于特殊情况。

　　个人化方面，家长注意不要让孩子养成推卸责任的思维习惯。家长们需要了解孩子面对这些事件需要具体承担多少责任。首先要教他们勇于承认责任，看看他们是否总把错误归咎于自身，还有当问题发生在身边人身上时他们如何划分责任。其次是观察孩子将问题归咎于自己的是行为还是个性，我们需要注意的是，行为具有可改变性，而个性一般是不可轻易被改变的。如果一个孩子总是将坏的事件归因于不可改变的个人方面的解释，这个孩子可能有重度悲观情绪，家长需要通过练习帮他进行调整和区分责任。

训练方法推荐——"分饼法":

1.画一个大圆代表一张饼,这个饼的原材料就是不好的事件,这个事件需要让孩子填写。

2.让孩子将这张饼分成几块,每块是导致这个事件(做出这张饼)的原因。原因需要让孩子尽量多想。

3.对每个部分的原因进行评估:永久或暂时、个人原因或他人原因。

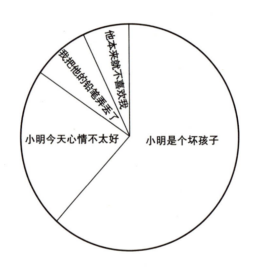

我将这个饼分成了____个部分

其中第一个部分是_____

它是永久原因□,暂时原因□;个人原因□,他人原因□

第二个部分是_____

它是永久原因□，暂时原因□；个人原因□，他人原
因□

……

经过以上训练，孩子已经能够准确定位自己的想法，也
能够理解这些想法改变了自己的行为和感受。现在需要让孩
子学会悲观思维反驳。

反驳策略需要遵循情绪ABC原则，以及D（Disputation，
反驳）和E（Energization，激发）。可按照前文的事件分
析法进行补充。

事件	想法	后果	反驳	激发

可以看出，反驳训练的方式类似于事件分析法，在事件
分析之后加入反驳和反驳后的激发。家长需要注意，还是要
在每个部分加入评分，反驳部分是确信评分，激发部分是对
于激发行为的喜爱度评分。

例如：

不好的事件	想法	后果	反驳	激发
在上学的路上有同学对我指指点点	他们认为我长得很丑	我感到很伤心难过	对我指指点点不是因为我的长相，而是他们喜欢大惊小怪，其他同学都不觉得有什么	我觉得好些了，虽然还是在意他们的看法，但他们平时确实比较胡闹，我不应该在意他们的看法

根据以上例子，家长们可以看出，反驳的想法务必要遵循一些原则：1.在事实基础之上，这些证据可以被证实——这些孩子确实平时表现不佳；2.证据有很多时可以一一列举，选择最具有说服力的证据；3.反驳不能依靠口号，需要实质性的内容。关于激发，在反驳证据罗列出来之后，可以让孩子根据他们的想法进行列举，并说明他们对于这个结果的喜爱程度。

以上练习，家长和孩子都可以进行，可按照每周 2～3 次的频率，一般 1～2 个月就能够收到比较好的效果。

儿童常见情绪问题及处理方法

一、孩子每天都很难开心，怎么办

孩子什么都不想做，甚至不想起床，是不是抑郁了？

心理老师王超认为：如果孩子什么都不想做，然后每天好像也很难开心的一个状态，我们得引起重视了，因为很多行为状态和行为指标可能是抑郁症的前兆。家长需要了解，目前抑郁症发病群体已经有青春期孩子，尤其是微笑型抑郁症，非常难以甄别。抑郁症不是矫情和单纯的心理问题，而是生理结构发生了病变（通常是多巴胺分泌被抑制或者多巴胺感受受到抑制）加心理问题导致的。抑郁症最恐怖的地方在于患者的态度，其他病的患者都有求生意识，只有抑郁症患者一心求死，因此在抑郁症的甄别和预防上家长务必小心。

我建议在家里先观察孩子的表现。首先观察孩子的睡眠情况怎么样，如果出现了多梦或者容易惊醒的情况，那么说明他的睡眠状况不太好。其次观察孩子的饮食，比如最近的食欲明显降低，或者很难在饭点按时吃饭，只有非常饿了才会去吃。再次观察孩子的学业，孩子在学业方面也表现得很消极。最后观察孩子的兴趣，本来他很有兴趣或者很喜欢做的事情，现在开始慢慢地不喜欢了。如果以上这几个情况都出现了，那我们就需要带孩子去专业的医院做检查，孩子很有可能有抑郁的倾向，或者抑郁的症状。

家长可以采取一些小方法预防抑郁症或者降低发病概率。1.保持良好的运动习惯。因为抑郁症发病和身体激素分泌有关，所以保持良好的运动习惯有利于预防抑郁症。2.房间布置以暖色调为主，经常晒太阳。晒太阳除了能够补充身体所需之外，会给予人良好的暗示，暖色调和阳光对于人都有积极暗示作用。3.多听舒缓的轻音乐。很多研究显示，音乐对于人情绪的引发和调动都有显著影响，因此轻松舒缓的音乐有利于保持良好的情绪状态。4.摆正心态，不要对于自身抑郁状态过于焦虑，及时发现、及时甄别、及时就医，轻中度的抑郁症配合临床和心理咨询治疗都可以达到良好效果，切勿讳疾忌医。抑郁症和身体的其他疾病一样，一旦出现就需要寻求医生的帮助。

二、孩子特别暴躁怎么办

孩子特别暴躁，非常有破坏性，总是在班里和其他孩子打架，我们做家长的应该怎么办？

心理老师王超认为：在学龄期，儿童要经历几个道德发展的阶段，从对权威的服从与依赖到逐步形成自己的判断标准，所以这个时候也是孩子人生观、世界观、价值观开始萌芽的一个重要时期。这一时期的发展对于孩子的愤怒情绪及行为规范都有显著的影响。

三年级前后的孩子对事物的看法和判断发生了很明显的改变，就好像一、二年级还是听话天真的小朋友，三年级之后就成了说一句反十句的"杠精"和"熊孩子"了。这其实是由于孩子的道德水平发展已经开始变化，进入另一个阶段的表现。

孩子逐步表现出对于一些品质的兴趣，比如善良的、勇敢的、邪恶的。在最开始，这些概念很单一，比如善良的概念，因为孩子的思维模式还是以具象为主，理解这些抽象的概念就会落到行为和表象上——他满足了我的需要和帮助了我，那他就是"善良"的。而将"善良"这一概念充分内化和丰富化的过程，就是孩子将越来越多的具体相关的行为与这个概念关联在一起，逐步理解善良的表现在不同情况中都是什么样的，从而在这一道德判断标准上有所发展。到三年级左右的时候，这种好与坏的道德判断会在逐步丰富之后发生一些变化，那就是孩子开始逐渐意识到，行为背后的动机和意图也存在好与坏的问题。当这个变化在孩子的心里萌芽后，我们就可以逐步看到孩子可能会说谎、狡辩，挑战家长和老师的评判，对一些规则和要求表现出不服气。这其实是值得我们开心的一件事，因为这些看似"反叛"的行为，其实代表着孩子从心理层面上已经开始形成初步的自我了。

但这对于父母教育孩子的过程而言，却代表着新的挑战的来临。

面对孩子突然的"自我"，我们常常感到教育上的困难可能有两个方面：1.孩子会挑战父母的权威，质疑我们所传达的价值观和道理；2.孩子开始有保护自己的信息和隐私的意识，有些想法秘而不宣或者对父母的一些问题不愿意说实话。这两个方面都会加重父母的焦虑感。当我们的权威受到挑战或者不被孩子认可的时候，常常意味着我们希望孩子"听话"的愿望会落空，这在教养上是很大的挫败。而当我们发现孩子开始不愿意分享关于自己的信息时，会加重我们的不安，因为他毕竟还不具备真正意义上识别和应对危险的能力。当在外受到伤害时，父母的不知情会让孩子受到不必要的伤害。

在提出解决方法之前，需要反过来看看这些困难对于我们为人父母的意义是什么。权威虽然一方面代表的是管理和控制，但另一方面也代表秩序和规矩。孩子毫无怀疑地对大人的信赖和崇拜常常会让我们觉得在他们面前无所不知、无所不能，但这其实是一种幻想。当孩子长大时，我们的幻想破灭，需要学会接受并且和孩子坦白父母也是不完美的。在这个过程中，我们要先处理和接受的是自己失落的心情，调整自己，面对新的情况。而孩子开始有自己的想法，又不愿意告诉父母时，我们可能会感受到孩子是不是疏远我们了或者不再需要我们了。这种感受常常会让父母感到失落和伤心，但这其实恰恰说明，孩子开始有自己的担当和意识了。我们需要明白的是，孩子不再那么需要我们其实不是一种拒绝，而是他们在表达想自立的意愿，而这个代表着他们不再需要我们替他们做那么多了，希望我们去祝福他，为他的成长鼓掌。

在清楚了这些之后，我们就需要了解如何做才能够更好地帮助孩子。在道德水平上，学龄期的孩子是需要大人的引导和教育的，但随着发展阶段的变化，很多引导和教育变得更加复杂，也更考验大人的智慧，所以我们需要更灵活地去应对。可以参考以下的方式，在引导的过程中就会顺利很多。

1.当受到孩子的挑战和质疑的时候，先不要急着生气，帮助孩子梳理他的思路。

相信孩子有这样的看法一定有他自己的道理，再去和孩子讨论并且一起去收集材料，帮助孩子一起去看看这个观点是否合理和符合真实情况，鼓励孩子多去想办法，去找到信息和结论之间的不一致之处。这样一来，孩子就可以从单纯而简单的反叛和挑战中学会深思熟虑以及反思的能力。

2.允许孩子保留自己的小秘密，不要过度好奇。

父母需要表达自己对他的担心，可以明确告知孩子在哪些情况下是一定要寻求大人帮助的，不要擅自决定和行动，为孩子保留一个稳定且安全的通道，可以最大限度地加强孩子的自我保护意识以及维护亲子关系中的信任。